vmn

Karl-Heinz Stier   Claus Viering

So esse die Hesse

Pfannkuchen
Frikadellen
Kartoffelsalat

Cartoons von Günter Henrich
Geleitwort von Barbara Siehl

vmn
Verlag M. Naumann

Druck: Danuvia Druckhaus, Neuburg an der Donau

1. Auflage 2007,
ISBN 978-3-940168-05-4

Die Autoren erreichen Sie unter der Homepage des Gasthauses ›Adler‹, Hanau-Mittelbuchen,
www.adler-mittelbuchen.de

Die Cartoons zeichnete Günter Henrich, Seligenstadt.
www.g-henrich.de.vu

Titelfoto: Reinhard Paul, Hanau

Bibliografische Information der Deutschen Nationalbibliothek
Die Deutsche Nationalbibliothek verzeichnet diese Publikation in der Deutschen Nationalbibliografie; detaillierte bibliografische Daten sind im Internet über http://dnb.ddb.de abrufbar.

Vorwort

Liebe Leserinnen und Leser,

›Speis und Trank hält Leib und Seel zusammen‹ – dieser Spruch ist dem Hessen wahrlich auf den Leib und in die Seele geschrieben. Denn wer meint, wir Hessen hätten keine Esskultur, dem soll der Bissen im Halse stecken bleiben. Wir haben nicht nur hervorragende Weine, vor allem Riesling und Spätburgunder, oder als Traditionsland den Äppelwoi, unser *köstlich Stöffche,* und erfrischende Biere – nein, wir sind in Deutschland das Land mit den meisten Wurstsorten! Schade, dass dies nur wenige wissen.

Und was das Speisen angeht, so reicht die Palette vom anspruchsvollen Menü bis zur leckeren, deftigen Mahlzeit. Von Letzterem gibt es nicht gerade wenige – egal, in welchem Landesteil sie auf den Speisekarten stehen, ob in der Kasseler Gegend, in Oberhessen und der Rhön, ob im Rheingau und Frankfurt und nicht zu vergessen: an der Bergstraße und im Odenwald. Drei dieser unentbehrlichen deftigen ›Küchenklassiker‹ haben wir herausgesucht, wenn es um ›So esse die Hesse‹ geht.

Da ist zunächst der *Pannekuche*, jener knusprige Geselle, der mittlerweile zum festen Bestandteil in der Rezeptsammlung von Hausfrauen, Hobbyköchen oder auch Gelegenheitsbrutzlern geworden ist. Er ist an Vielfalt kaum zu übertreffen – auch was seine *bucklig Verwandtschaft* angeht.

Und weil der Pannekuche bei uns so beliebt ist, hat er sich zum Zwilling gemausert – als Eier- und Kartoffelpannekuche. Zwar haben beide mit Mehl, Eier, Butter und Salz gemeinsame ›Erbfaktoren‹, doch nur bei Letzterem wird die tolle Knolle verarbeitet.

Alte hessische Rezepte für die Eierkomponente sind – egal, ob süß oder herzhaft – der Speckpfannkuchen oder die Äppelränzjer. Bei den Kartoffelpfannkuchen liebt der Hesse diejenigen mit Äppelbrei als Begleitung oder die Schepperlinge.

Dann die Frikadelle, bei der man heute immer noch rätselt, woher das Wort kommt. Doch darüber später mehr. Von ihr könnte man zunächst glauben, dass es da eigentlich gar nicht so viele Variationen gibt. Doch lassen Sie sich mal überraschen.

Schließlich das Gericht, bei dem jeder Genießer schon mit der Zunge schnalzt, wenn er das Wort hört: der Kartoffelsalat. Eigentlich ist er ja gar kein Salat im traditionellen Sinne, er ist eine ganz normale Beilage, die es aber in sich hat. Vor allem was ihre jeweilige Würze und jeweiligen Zutaten angeht, ob Fisch, Fleisch, Ei oder Wurst. Es soll sogar Liebhaber seiner Spezies geben, die ihn gerne *nackisch*, also ohne andere oder Extra-Zutaten zu schätzen wissen. Vor allem dann, wenn er *das Mäulche austapeziert*, wie dies die Rheingauer gerne im übertragenen Sinne bei ihren Weinverkostungen meinen. Tja, was für den Riesling spricht, warum soll das nicht ebenso für den Kartoffelsalat gelten?

Es kommt bei diesen klassischen Schlemmereien darauf an, dass wir uns an ihrem Geschmack erfreuen, und vor allem, dass wir Zeit zum Genießen haben. Augen, Ohren und Gaumen sollen daran beteiligt sein, und nebenbei oder zwangsläufig soll sich auch noch der Magen erfreuen und zufrieden sein. Denn behandelt man diesen nicht mit der nötigen Sorgfalt, Liebe und Phantasie, stopft man ihn voll wie einen Mülleimer, oder setzt man ihn aus Eitelkeit ärgerlichen Fastenkuren aus, so rebelliert er und versetzt den ganzen Menschen in Missstimmung.

Deshalb ist es schon eine Kunst, ihn so zu verwöhnen, dass er zu unserem Wohlbefinden sein Bestes gibt. Noch immer mögen so ihre Geltung zwei alte hessische Weisheiten haben, die da heißen: *Es gibt nix Besseres als was Gutes!* und *Lieber en Bauch vom Esse als en Buckel vom Schaffe!*

In diesem Sinne einen guten Appetit und viel Freude beim Nachkochen!

Karl-Heinz Stier
Claus Viering

Zum Geleit

Es ist mir schon ein wenig peinlich, aber ich muss es einfach sagen: Ich koche ganz gut. Und meistens koche ich auch gern. Und wenn gut und gern zusammentreffen, dann kommt in der Regel etwas äußerst Schmackhaftes dabei heraus. Dann wiegen sie am Familientisch den Kopf und meinen: »Kannst du öfter kochen!«

Gäste sind in ihren Äußerungen da meist viel erfindungsreicher, loben die Köchin über den grünen Klee, rühmen das feine Aroma, die Raffinesse der Zutaten und vergleichen das Arrangement auf dem Teller gar mit einem kleinen Kunstwerk. Ach, hätte man die Zeit, öfter für Gäste zu kochen!

Die Schmeicheleien tun gut, doch – was die wenigstens ahnen – das Lob gilt eigentlich den Rezeptesammlern meiner Kochbücher. Denn ohne die, die ihre kulinarischen Erfolgsmodelle auch für andere zugänglich machen, wäre ich hoffnungslos verloren. Nur wenige Gerichte koche ich blind, im Vertrauen auf mein Mengengefühl. Wenn's etwas anspruchsvoller sein soll, wälze ich ganze Regale von Kochbüchern, um das ultimative und unübertreffbare Ossobuco-Rezept herauszufiltern. Und meist lande ich immer beim gleichen.

Ähnlich geht es mir mit Krautwickeln. Schon tausendmal gewickelt und geschmort. Doch jedesmal wieder schlage ich Seite 303 in meinem ›Neuen Kienle-Kochbuch‹ auf, das inzwischen auch nicht mehr so ›neu‹ ist, denn die badische Verwandtschaft hatte es mir zur Verlobung geschenkt. Ja, so was Altmodisches gab es damals noch.

Pfannkuchen stehen auf Seite 274, die Seiten klappen von alleine auseinander, so oft habe ich die Mischung dort nachgeschlagen; ich behalte es einfach nicht! Und nun freue ich mich auf die Pfannkuchen in diesem Buch! Denn nicht nur für Profiköche, auch für talentierte Nachahmer gilt: Öfter mal was Neues!

Übrigens, die wirklich guten Rezepte in meinen Kochbüchern zeichnen sich dadurch aus, dass sie nach einer gewissen Zeit mit winzigen Teigspritzern, Saucenklecksen oder Gemüsefarbe dekoriert sind. In diesem Sinne wünsche ich diesem Buch eine bunte Zukunft! *Barbara Siehl*

Uffhörn!
Mir wird schlecht!

Der Pfannkuchen – ein Tausendsassa in der Küche

Man kann ihn süß oder herzhaft essen, als Vorspeise, Hauptspeise oder Dessert, mit Eiern, Kartoffeln, Milch und Mehl (hier am besten Weizen-, Mais- oder Buchweizenmehl) – kein Gericht ist vielfältiger in seinen Zutaten, in seiner Zubereitung, in seinen Geschmacksarten. Nur eines ist allen Variationen gemeinsam: Er wird in der Pfanne zubereitet, und daher hat er auch seinen Namen. Nur in ärmeren Ländern backt man ihn übrigens – wie früher auch bei uns – auf heißen Steinen.

Damals wie auch heute mangelte es nicht an Einfallsreichtum und an Erfahrungen, die über viele Generationen hinweg weitergetragen wurden und von denen wir heute profitieren. So zum Beispiel: Je dünner der Teig, umso dünner müssen die Pfannkuchen gebacken werden. Oder: Dickere Pfannkuchen kommen ohne Eischnee nicht aus, damit sie schön locker und knusprig werden.

Warum die Pfannkuchen so beliebt sind – nicht nur in Hessen –, ist ganz leicht zu erklären: Einerseits sind sie einfach herzustellen und eines der wenigen Gerichte, die schnell auf den Tisch kommen können, denn die Zutaten liegen meist griffbereit im Vorrats- oder Kühlschrank. Andererseits kann man die Rezepte mit verschiedenen Zutaten immer neu variieren, und schon liegt eine neue Speise auf dem Teller. Auch in den Küchen der Nachbarländer gibt es überraschende Verwandte des Pfannkuchens, die uns im Urlaub mundeten und die nunmehr auch hierzulande öfters auf den Speisekarten angeboten werden – wie etwa Crêpes oder Palatschinken.

Wie Sie sehen, sind der Experimente beim Pfannkuchenbacken keine Grenzen gesetzt – ob international oder bei uns daheim. Auch unsere Omas und Ur-Omas haben probiert und Neues hervorgezaubert. Während sie am Herd standen und *Pannekuche um Pannekuche* auf die Platte schaufelten, saß die ganze Familie schon mit hungrigen Mägen am Tisch und vertilgte Unmengen dieser knusprigen Leckereien. Oft hatte die Köchin Glück, wenn sie noch einen abbekam. Denn am besten schmeckt der Pfannkuchen direkt aus der Pfanne, so richtig kross und knusprig.

Und da kann man nachvollziehen, dass immer noch laut und gern das Lied gesungen wird:

Heut gehn mer wieder gar net mehr,
gar net mehr, gar net mehr,
heut gehn mer wieder gar net mehr haam,
bis die Alt Pannekuche backt
und kaa schepp Schnut mehr macht …

Eierpfannenkuchen

Die Vielfalt reicht vom Deftigen der heimischen Küche – ob süß oder salzig – bis hin zu den hauchdünn gebackenen Crêpes, die gerollt oder gefüllt werden. Besonders in der Fastenzeit waren sie traditionell ein beliebtes Gericht, das, zum Beispiel mit frischen Kräutern gewürzt, einen jeden Gaumen erfreut. Unsere klassischen oder auch modern angepassten Rezepte sollen Ihnen den Eierpfannkuchen wieder näherbringen.

Hier das ***klassische Grundrezept***
– Zutaten und Zubereitung – für herzhaften Pfannkuchen:

ZUTATEN:

250 g gesiebtes Mehl
0,5 l Milch
4 Eier
etwas zerlassene Butter
Salz nach Belieben

In einer Schüssel Mehl und Salz vermischen. Die Eier nacheinander dazugeben und einarbeiten, bis ein glatter, völlig homogener Teig entstanden ist. Dann langsam und in kleinen Mengen die Milch dazugießen und den Teig auf die gewollte Konsistenz verdünnen.

Zum Schluss die flüssige Butter unterrühren. Man sollte diesen Teig mindestens 1 Stunde vor Gebrauch herstellen, damit das Mehl gut ausquellen kann. Zur Zubereitung benötigt man eine flache Pfanne, am besten aus Gusseisen. Die Pfanne wird mit zerlassener Butter bestrichen und recht stark erhitzt. Dann gießt man 1 Portion Teig hinein, den man je nach Art der Pfannkuchen entweder durch Schwenken der Pfanne verlaufen lässt oder schnell mit einem Bratenwender dünn verteilt. Je dünner, leichter und auch schöner gefärbt – auf beiden Seiten goldgelb – Pfannkuchen sind, desto besser schmecken sie. Man kann sie mit einem Bratenwender umdrehen oder nach der klassischen Methode hochwerfen und wenden, was mehr eine Frage der Geschicklichkeit als genauer Beschreibung ist.

Ei, ei, ei –
unn noch e Ei
gibt en
Pannekuche!

Speckpfannkuchen

Eine vollwertige Mahlzeit, zubereitet nach dem Grundrezept. Je nach Geschmack kann der Salzanteil erhöht und der Teig noch ganz leicht mit etwas weißem Pfeffer aus der Mühle und eventuell mit einer Prise Muskat gewürzt werden.

Vom Metzger leicht geräucherten Bauchspeck in dünne Scheiben schneiden lassen und darauf achten, dass die Knorpelstücke auf der Bauchoberseite entfernt wurden. Je nach Größe der Pfanne rechnen Sie mit 6 bis 8 Scheiben Speck. Nun den Speck in eine stark erhitzte Pfanne legen und kräftig anbraten. Danach mit einer Suppenkelle den Pfannkuchenteig darübergeben und durch leichtes Schwenken der Pfanne den Teig gleichmäßig verteilen. Wenn der Teig leicht fest wird, ihn wenden und fertigbacken. Den nun fertiggebackenen Pfannkuchen auf den Teller legen und einen bunt gemischten Salat dazu reichen.

Gefüllter Pfannkuchen mit Lauchgemüse

Diese Zubereitung ist etwas aufwendiger. Man kann die Pfannkuchen vorbacken und im Backofen bei schwacher Hitze warm halten. Für das Lauchgemüse die Wurzel und das obere Drittel vom Grün abschneiden. Dieser Teil des Lauchs ist leicht bitter und die Blätter wesentlich fester.

Der restliche Lauch wird der Länge nach zerteilt und dann in ca. 1 cm breite Streifen geschnitten. Den geschnittenen Lauch gut waschen und abtropfen lassen. In einer Pfanne mit zerlassener Butter das Lauchgemüse langsam weich dünsten. Zum Schluss etwas flüssige Sahne dazugeben und mit Salz und Pfeffer abschmecken. Den warmen Pfannkuchen auf den Teller legen und das Lauchgemüse auf die eine Hälfte verteilen. Die andere Hälfte umklappen und mit grob gehackter Petersilie bestreuen.

Lauch (Porree) ist als Gemüse in unserer Küche sehr beliebt, weil vielseitig und gesund. Ähnlich wie die Zwiebel enthält es das appetitanregende und verdauungsfördernde Lauchöl. Mit 30 Kalorien pro 100 Gramm gehört es zu den ›schlanken‹ und für die Figur freundlichen Gemüsesorten.

Lauch wird das ganze Jahr über in zwei Sorten angeboten. Der Sommer- oder Frühlauch ist zart und dünn, mit hellgrünem Laub und langem weißen Schaft. Er eignet sich gut als Gewürz für Eintöpfe und Suppen und für Fleisch und Fisch. Den Winterlauch mit seinen dicken, kräftigen Stangen gibt es ab August. Sein dunkelgrünes Laub schmeckt würzig-streng und kräftig. Der Schaft ist kurz, aber zart und mild. Er ist vorzüglich als Gemüse geeignet. Für den Pfannkuchen taugen beide Sorten.

Pfannkuchen mit Lachs und Shrimps

Eine etwas modernere und leichte Variante für unseren Pfannkuchen. Bei diesem Gericht etwas frischen, fein gehackten Estragon in den Teig geben. Dieses Kraut harmoniert gut mit dem Fisch. Wieder die Pfannkuchen backen und sie im Backofen kurz warm halten. Die Shrimps mit Zitronensaft, Olivenöl, Salz und Pfeffer marinieren – pro Portion ca. 50 g Shrimps. Den Pfannkuchen dekorativ auf den Teller falten, die Shrimps darübergeben und 3 bis 4 Scheiben geräucherten Lachs dazulegen. Den Teller mit Zitrone dekorieren und eine leichte Zitronenmayonnaise dazu reichen.

Crespelle alla Fiorentina

Eine originelle Variante ist diese Zubereitung aus Italien. Frischen Blattspinat in reichlich Salzwasser kochen. Nach einer Minute den Spinat herausnehmen und sofort in kaltem Wasser abschrecken, auf ein Sieb schütten und gut abtropfen lassen. Den ausgedrückten Spinat mit reichlich Ziegenfrischkäse vermischen und mit Salz und Pfeffer abschmecken.

Die Pfannkuchen damit belegen, zusammenrollen und im Backofen 10 bis 12 Minuten bei 160 °C backen. Milch aufkochen, frischen Majoran und Knoblauch dazugeben, leicht andicken und mit Salz und Pfeffer abschmecken. Die heißen Crespelle aus dem Ofen nehmen, auf die Teller verteilen und mit der Sauce begießen.

Spinat? Brrr! Was wurden die Autoren als Kinder mit Spiegelei und Spinat gequält! Mindestens einmal die Woche vermischten sich Eigelb und Grün auf den Tellern. 40 Jahre mussten wir alt werden, ehe wir den köstlichen Geschmack von Blattspinat entdeckten und nun sehr zu schätzen wissen.

Pfannkuchen mit Blumenkohl gefüllt

Der Pfannkuchen ist auch eine willkommene Alternative für vegetarische Kochfreunde. Zubereitet mit verschiedenem Gemüse ist er eine Bereicherung auf unserem Speiseplan. Beispielsweise frischen Blumenkohl verwenden und diesen zum Schluss mit Käse überbacken. Natürlich kann man jedes andere Gemüse wie Broccoli, Spinat oder Chicoree verwenden.

Der Blumenkohl wird in Röschen geschnitten und für 3 Minuten in Salzwasser abgekocht. Danach sofort in kaltes Wasser geben, damit er nicht zu weich wird und die Vitamine erhalten bleiben. Einen Viertelliter des Blumenkohlfonds mit etwas flüssiger Sahne einkochen und anschließend mit Saucenbinder andicken. Mit Salz, Pfeffer und etwas Zitrone abschmecken. Die Blumenkohlröschen aus dem Wasser nehmen und gut abtropfen lassen. Auf den Pfannkuchen verteilen und darauf die fertige Sauce geben. Fein geriebenen Käse darüberstreuen und im Backofen 3 bis 5 Minuten bei 200 °C gratinieren.

Sein Name verrät: Er ist Blume und Gemüse in einem.

Der Blumenkohl hat einen fleischig verdickten Blütenstand, der ihn auf der Gemüseplatte zum Blickfang macht – vor allem auch wegen der weißen Farbe. Seine Bekömmlichkeit und sein feiner Kohlgeschmack haben ihn zu einer der beliebtesten Gemüsesorten gemacht. Die grünen Blätter rundherum schützen die weiße Blüte vor Sonnenlicht. Außerdem geben sie einen wichtigen Hinweis auf die Frische des Kohlkopfes. Bei der reinen Gemüsezubereitung kocht man sie mit. Sie machen zwar den Kohl nicht fett, dafür aber wohlschmeckend und vitaminreich. Außer in weiß gibt es den Blumenkohl auch in den Farben gelb, grün und violett.

Crêpes
mit Schinken und Geflügel gefüllt

Die französische Bezeichnung für unsere Pfannkuchen sind die Crêpes. In speziellen Lokalen, den Crêperien, wird eine Vielzahl dieser Köstlichkeiten angeboten.

Unser Vorschlag: Je nach Pfannengröße 1 bis 2 hauchdünne Crêpes ausbacken. Für die Füllung 2 Schalotten in etwas Olivenöl andünsten. Eine Poulardenbrust wird in feine Streifen geschnitten und zu den Schalotten gegeben. 1 Scheibe gekochten Schinken in kleine Würfel schneiden und ebenfalls mit der Poulardenbrust andünsten. Mit Salz und Pfeffer abschmecken und die Mischung in die Crêpes einrollen. Die Crêpes mit einer leichten Kräutersauce servieren oder einen frischen Salat dazugeben.

Eine gute Fleischbrühe ist etwas Feines. Die Österreicher geben als Einlage ihre Fritatten und die Schwaben ihre Flädle hinein – dünn ausgebackene Eierpfannkuchen, gerollt und dann in feine Streifen geschnitten. Lecker, lecker, lecker …

Pfannkuchen mit Rauke und Carpaccio vom Rind

Auch in der heißen Jahreszeit braucht man auf Pfannkuchen nicht zu verzichten. Dieses Gericht ist leicht und erfrischend. Wie immer mit 2 bis 3 dünn gebackenen Pfannkuchen rechnen. Dünne Scheiben vom Rinderfilet schneiden, mit Salz und Pfeffer würzen und mit etwas frisch ausgedrückter Zitrone beträufeln. Von der Rauke (Ruccola) werden die Stiele abgeschnitten und leicht mit Olivenöl, Balsamico-Essig, Salz und Pfeffer gewürzt. Die marinierte Rauke nun auf die Pfannkuchen verteilen und darauf die Filetscheiben legen.

Natürlich kann man dieses Gericht auch mit Fisch – entweder frischem Lachs oder Zander – veredeln. Den Fisch in hauchdünne Scheiben schneiden, mit Salz und Pfeffer würzen, etwas Olivenöl und zum Schluss einige Tropfen ausgepresster Zitrone darübergeben. Die marinierten Fischscheiben auf die Pfannkuchen mit der Rauke anrichten.

Pfannkuchenröllchen mit Schinken und Spargel

Für dieses Gericht benötigt man gekochten Schinken und frischen Stangenspargel. Den Spargel schälen und weich kochen. Den Sud noch einmal aufkochen und reduzieren. Mit flüssiger Sahne auffüllen und leicht andicken. Den Pfannkuchenteig mit einer Handvoll fein gehackter Petersilie verrühren.

Nun die Pfannkuchen backen. Den dünn geschnittenen Schinken auf die Pfannkuchen legen, darauf die gekochten Spargel geben und zusammenrollen. Die fertigen Röllchen zusammen mit der Sauce anrichten.

In Schwetzingen, der bekannten badischen Spargelgegend, serviert man den Stangenspargel mit Sauce Hollandaise und hauchdünnen gerollten Eierpfannkuchen, den ›Flädle‹. Zur Nachahmung empfohlen – schmeckt super!

Pfannkuchen asiatisch (scharf)

Die asiatische Küche wird auch bei uns immer beliebter. Zunächst den Teig nach dem Grundrezept zubereiten. Jetzt wird 1 Chili-Schote in feine Streifen geschnitten, mit fein gehacktem Koriander vermengt und in den Teig untergehoben. Dann 30 Minuten ziehen lassen und danach die Pfannkuchen backen. Es gibt mittlerweile fertige asiatische Gemüsemischungen. Diese in Olivenöl mit gehacktem Knoblauch andünsten und mit Salz und Pfeffer würzen. Das Gemüse in die Pfannkuchen einwickeln und mit Sojasauce leicht beträufeln. Zum Schluss mit gerösteten Sesamkörnern bestreuen. Für Fleisch- oder Fischliebhaber: Man kann auch gebratene Poulardenstreifen oder Shrimps unter das Gemüse mischen.

Pfannkuchen mit Sauerkraut und Leberwurst

Wie gewohnt Sauerkraut kochen und geräucherte Leberwurst dazugeben. Alles zusammen so lange kochen lassen, bis sich die Leberwurst im Sauerkraut aufgelöst hat. Die Pfannkuchen mit der Masse dick bestreichen und zusammenrollen. Für die Sauce saure Sahne mit Senf und grob gehackter Petersilie verrühren. Mit Salz und Pfeffer abschmecken und mit dem Pfannkuchen anrichten.

Es Herz einer Frau,
der Magen einer Sau,
der Inhalt einer Lewwerworscht
bleiwe für immer unerforscht.

Süße Eierpfannkuchen

Zu einem schönen Essen gehört auch ein schönes Dessert. Zum krönenden Abschluss schmeckt ein süßer Pfannkuchen immer noch am besten – mit leckerem Kompott gefüllt oder mit hausgemachten Marmeladen bestrichen. Wichtig bei den ›Süßen‹ ist: Je dünner gebacken, desto besser schmecken sie.

Das *Grundrezept für süße Pfannkuchen:*

ZUTATEN:

250 g Mehl	etwas zerlassene Butter
0,5 l Milch	Zucker nach Belieben
4 Eier	1 Prise Salz

Ganz wichtig:
Das Mehl gesiebt in die Schüssel geben, umso lockerer wird der Teig. Pro Person je nach Größe der Pfanne mit 1 oder 2 Pfannkuchen rechnen.

Ei ist ja nicht nur ein wichtiges Verzehrprodukt, sondern das hessische Urwort schlechthin und kann mit anderen Wörtern verbunden werden: zum mund- und nasesperrenden »Ei, was!«, zum haarsträubenden »Ei, so was!«, zum »Ei, was dann? Ei, was dann sonst!« ohne Alternative. Ganz schlimm die endlose Reihung »Eijajeijajei!«

Auch in den Beziehungen der Geschlechter spielt das Wort eine Rolle: Wenn sie »Ei, Karl!« ausruft, dann kann er nur schüchtern fragen: »Ei, bin ich zu weit gegangen?« Flüstert sie dagegen: »Ei, Karl!«, wird er stolz entgegnen: »Ei, gelle?« Ganz hinten im Raum hört man zwei miteinander reden: »Ei, waaßde, was?« – »Ei, unn?« – »Ei, des glaab ich net!« – »Ei, dann lasses bleiwe!«

Appelränzje

Ein einfaches Dessert, das leider fast in Vergessenheit geraten ist. Man braucht hierfür einen leicht säuerlichen Apfel – am besten den klassischen Boskop. Den Apfel schälen, vierteln, das Kerngehäuse ausschneiden und dann in feine Scheiben schneiden. In einer Pfanne Butter heiß werden lassen, etwas Zucker dazugeben und die Apfelscheiben darin andünsten. Wenn die Apfelscheiben weich sind, etwas von dem Teig darübergeben. Nach 2 Minuten vorsichtig wenden und weitere 2 Minuten weiterbacken. Den Pfannkuchen auf einen Teller geben und mit reichlich Puderzucker und Zimt bestreuen.

32 Kilo werden pro Kopf und Jahr bei uns in Deutschland verzehrt. Und damit steht der Apfel auf Platz eins der Beliebtheitsskala. Dass Eva verbotenenerweise den unschuldigen Adam mit Hilfe eines Apfels vom Baum der Erkenntnis zum Verkosten verführte und damit den Sündenfall auslöste, hat der Beliebtheit, das Kernobst anzubeißen, keinen Abbruch getan. (Der Sündenapfel war ja eigentlich auch ein Sin-appel, also eine Apfelsine.)

Der Apfel kommt auch in vielen Märchen vor. Man denke nur an die böse Schwiegermutter in ›Schneewittchen‹, die das arme Ding mittels eines vergifteten Apfels ins Jenseits befördern wollte, oder an Frau Holle, die zwei junge Mädchen Betten ausschütteln, Brot backen und Äpfel vom Baum schütteln ließ. Überall ist die Frucht in der Kulturgeschichte präsent: bei Wilhelm Tells prominentem Apfelschuss, beim Reichsapfel als königliche Insignie der Macht oder beim Apfel als Christbaumschmuck.

Und er ist vitaminreich wie kaum ein anderes Obst.. Der größte Teil liegt in der Schale oder unmittelbar drunter. Denn nicht umsonst gilt die Regel: ›One apple a day keeps the doctor away.‹ Frei übersetzt: Wenn du jeden Tag einen Apfel isst, sparst du dir das ganze Jahr den Arztbesuch. Und noch ein Tip: Einen Apfel vorm Schafengehen gegessen, schützt vor unkeuschen Anwandlungen!

Pfannkuchen mit Obst gefüllt

Für dieses Gericht Obstmischung selber zusammenstellen. Nur frisches Obst der Jahreszeit entsprechend verwenden. Die Früchte in gleichmäßige Scheiben oder Würfel schneiden. Nun die Früchte mit Zucker, frischer Vanille, etwas Orangen- und Zitronenabrieb marinieren. Für die Erwachsenen einen Schuss Obstwasser dazugeben, für die Kinder Orangen- oder Apfelsaft. Die Früchte nun 20 Minuten ziehen lassen. Danach die Pfannkuchen damit füllen und den verbliebenen Fruchtsaft auf die Teller verteilen. Einige geröstete Mandelscheiben darüberstreuen und mit Schlagsahne servieren – fertig ist ein köstliches fruchtiges Dessert!

Pfannkuchen mit Kompott gefüllt

Auch hier nur frische Früchte verwenden und die verschieden Sorten wie Äpfel, Birnen usw. mischen. Für das Kompott die Früchte sehr gut waschen und putzen, aber nicht in zu kleine Stücke schneiden. In einem Topf Butter zergehen lassen und groben Zucker dazugeben. Wenn sich der Zucker aufgelöst hat, die Früchte beigeben.

Die Früchte mit Apfelsaft auffüllen, 1 Zimtstange, Zitronen- und Orangenschale dazugeben und alles zusammen aufkochen. Den Topf vom Herd nehmen und die Früchte darin ziehen lassen.

Als besondere Geschmacksnote statt Apfelsaft Weißwein oder Rotwein dazugeben – aber nur für Erwachsene! Die Pfannkuchen mit dem Kompott heiß oder kalt füllen.

Pfannkuchen mit Marmelade bestrichen

Marmelade kochen ist einfach und geht relativ schnell. Verschiedene Früchte mischen und Beeren wie Holunder, Schlehen, schwarze Johannisbeeren usw. dazugeben. Für 1 kg Früchte braucht man 1 kg Gelierzucker. Die Früchte mit dem Zucker zusammen aufkochen und die fertige Marmelade in die Gläschen füllen.

Die Pfannkuchen reichlich mit der Marmelade bestreichen und zusammenrollen – bei Kindern sehr beliebt!

Wer kennt nicht Rotkäppchen oder Schneewittchen? Aber erinnern Sie sich auch noch an das ›Märchen vom dicken, fetten Pfannkuchen‹ der Gebrüder Grimm?

Der dicke, fette Pfannkuchen springt – kantapper, kantapper – aus der Pfanne und läuft – kantapper, kantapper – immer in die Welt hinein, lässt sich weder von der Katze Miatze noch vom Hahn Krahdan und auch nicht von der Gans Watschwanz und der Kuh Muhmuh fressen. Erst das Schwein Schmierulein schnappt ihn sich, und es war um ihn geschehen.

Crêpes Suzette

Die süße Versuchung aus Frankreich. Ein Klassiker, etwas aufwendig in der Herstellung. Pro Person 2 hauchdünne Crêpes backen, die aber keine Farbe bekommen dürfen. Für die Sauce Butter in einer Pfanne schmelzen und 1 bis 2 Löffel Zucker leicht karamellisieren lassen. Mit 0,2 l frisch gepresstem Orangensaft auffüllen und um ein Drittel einkochen lassen. Die Schalen von je einer unbehandelten Orange und Zitrone in feine Streifen schneiden und zu der Sauce geben. Es darf nichts Weißes an der Schale sein. Zum Schluss noch einen Orangenlikör, z.B. ›Grand Marnier‹ dazugießen.

Wichtig ist, wie die Crêpes gefaltet werden: Die Crêpes zunächst auf die Hälfte und danach auf ein Viertel zusammenfalten – sie sehen jetzt aus wie kleine Dreiecke. Diese jetzt in die Sauce legen und ca. 3 Minuten darin ziehen lassen. Die Crêpes auf die Teller verteilen, die Sauce darübergießen und mit einer Kugel Vanilleeis verzieren.

Palatschinken

Dieses Dessert hat nichts mit Schinken zu tun. Oft wird über seine Zusammenstellung gestritten. Hier ein außergewöhnliches Rezept.

Wieder je nach Größe 1 oder 2 dünne Pfannkuchen backen. Für die Füllung Speisequark mit etwas Milch verrühren, 2 bis 3 Eigelbe, reichlich Zucker und Vanille unterrühren. Die Eiweiße schlagen, unter die Masse heben und damit die Pfannkuchen füllen. In eine gebutterte Auflaufform geben und um 1 cm die Form mit Milch auffüllen. Je nach Anzahl der Palatschinken 4 bis 5 Eiweiße mit reichlich Zucker aufschlagen und den Eischnee gleichmäßig auf die Palatschinken verteilen. Jetzt die Form für ca. 10 Minuten bei 180 °C in den Backofen schieben. Wenn der Eischnee gebräunt ist, aus dem Ofen nehmen und mit reichlich Puderzucker bestreuen.

Der Palatschinken kommt aus Rumänien. Das Wort ist aus dem Lateinischen ***placenta*** *abgeleitet, was soviel wie ›Kuchen‹ heißt.*

Über ungarisch ***palacsinta*** *und slovakisch* ***palačinka*** *wurde in Österreich daraus* ***Palatschinken*** *– sprich: Pala-tschinken.*

Kaiserschmarrn

Noch einmal ein österreichischer Verwandter. Zusätzlich zum Grundrezept benötigt man 2 Esslöffel Rum, 50 g Sultaninen, 1 Päckchen Vanillezucker und Butter zum Ausbacken. Die Sultaninen werden 30 Minuten im Rum eingeweicht. Bei der Zubereitung die Eigelbe und Eiweiße trennen und den Teig zunächst nur mit dem Eigelb anrühren. Dann wird das Eiweiß mit dem Vanillezucker steifgeschlagen und untergehoben.

Butter in der Pfanne schmelzen lassen, den Teig hineingeben und die abgetropften Sultaninen darüberstreuen. Wenn der Boden goldgelb ist, wenden und die andere Seite ebenfalls goldgelb backen. Dann den Schmarrn in der Pfanne mit der Gabel in mundgerechte Stücke reißen und ihn nochmals 2 bis 3 Minuten backen. Auf den Teller geben und mit Puderzucker bestreuen. Gut dazu schmeckt Preiselbeer- oder Apfelkompott.

Eine der vielen Legenden, die sich um die Herkunft des Kaiserschmarrns ranken, erzählt, dass man Kaiser Franz Joseph (1830 – 1916) bei einem Jagdausflug ins Salzkammergut einen Holzfällerschmarrn vorsetzte. Dieser wurde ihm zu Ehren mit guten Zutaten wie Milch, Rosinen und Eiern verfeinert. Jetzt wurde es ein vornehmer Kaiserschmarrn. Ein Hesse würde sagen: »Ei, des is ja en verrobbde (zerrissener) Pannekuche!«

Schaumomelette

Schaumomelette ist eine Abwandlung des Pfannkuchens. Man kann, wie schon beschrieben, Obst oder Kompott dazu reichen. Einen Teig wie im Grundrezept zubereiten. Für den Geschmack reichlich frische Vanille dazugeben. 3 Eiweiße zu Eischnee schlagen und vorsichtig unter den Teig heben. Der vorher eher flüssige Teig ist jetzt etwas kompakter und zäher. In einer kleinen Pfanne Butter erhitzen und den Teig eingießen. Vorsicht, nicht zu viel Teig, denn er geht auf! Wenn der Teig am Rand leicht braun wird, die Pfanne bei 170 °C für ca. 10 bis 12 Minuten in den Backofen schieben. Ist die Oberfläche bräunlich, sofort auf einen Teller geben und mit Puderzucker bestreuen. Das Schaumomelette muss jetzt schnell serviert werden, damit es nicht zusammenfällt.

Pfannkuchentorte

Eine Nachtisch-Überraschung. Je nach Größe ca. 18 dünne Pfannkuchen backen und den Boden einer Backspringform gleichmäßig damit auslegen. Benötigt werden ca. 1 kg frische Erdbeeren und 0,5 l geschlagene Sahne. Die Erdbeeren putzen, vierteln und unter die geschlagene Sahne heben. Mit Zucker, frischer Vanille und etwas fein gehacktem Estragon würzen. Einen Teil dieser Masse auf die Pfannkuchen verteilen. Hierauf eine zweite Schicht Pfannkuchen legen und wieder mit den Erdbeeren auffüllen. So weiter verfahren, bis die Form gefüllt ist. Die letzte Schicht ist die Abdeckung durch die Pfannkuchen. Die Torte mit Sahnetupfen und Erdbeeren verzieren. Dann für ca. 30 Minuten im Kühlschrank durchkühlen, danach aus der Form nehmen und in Stücke schneiden – fertig ist die Pfannkuchentorte.

Pfannkuchen mit Sauerkirschen und Rosmarin

Wieder pro Person 1 bis 2 Pfannkuchen backen. Frische Sauerkirschen oder Tiefkühlware verwenden. In zerlassener Butter mit Zucker andünsten. 0,1 l Orangensaft dazugeben und aufkochen lassen. Für 3 Minuten einen frischen Rosmarinzweig dazulegen und mitziehen lassen. Den Rosmarin wieder herausnehmen und die Sauce mit Saucenbinder leicht andicken. Die Sauerkirschen auf die Pfannkuchen verteilen und darauf einen Klecks frisch geschlagener Sahne geben.

Pfannkuchen mit Äpfeln und Quitten

Auch hier pro Person 1 bis 2 Pfannkuchen backen. Einen Apfel schälen, vierteln, die Kerne ausschneiden und in feine Scheiben schneiden. Eine frische Quitte schälen, vierteln und ebenfalls in feine Scheiben schneiden. Butter und Zucker in einer Pfanne schmelzen und die Äpfel und die Quitte dazugeben. Mit 0,1 l Apfelsaft auffüllen und aufkochen lassen. 2 bis 3 frische Thymianblättchen dazugeben und danach auf die Pfannkuchen verteilen.

Schokoladenpfannkuchen mit frischen Erdbeeren

Für dieses Rezept Milch mit reichlich Kakaopulver aufkochen und den Teig nach dem Grundrezept zubereiten. Dünne Pfannkuchen backen. Die Erdbeeren putzen, vierteln und mit Zucker und frischer Vanille für 30 Minuten marinieren. Danach die Erdbeeren mit dem Saft auf die Schokopfannkuchen geben.

Pfannkuchen mit Ragout von Rhabarber und Erdbeeren

Für 1 Person 1 bis 2 Pfannkuchen, 80 g frischen Rhabarber und 80 g frische Erdbeeren rechnen. Den Rhabarber putzen und in 1 cm große Stücke schneiden. Die Erdbeeren putzen und vierteln. Die Rhabarberstücke in Butter und Zucker andünsten und mit 0,1 l Rotwein auffüllen. Die geschnittenen Erdbeeren dazugeben und zum Schluss einige grüne Pfefferkörner unterrühren. Das Ragout auf die Pfannkuchen geben und mit etwas flüssiger Sahne begießen.

Hier kriej
ich mei
Abreiwung!

Kartoffelpfannkuchen

Er hat viele Namen: Schepperlinge, Dätscher, Reibepuffer, Rievkooche, Reibedatschi, Fratzen oder auch Schielchen, und in der Schwalm nennt man ihn Fetthennes. Sogar die Rösti aus der Schweizer Küche sind ein Verwandter von ihm.

Keine Kirmes, kein Straßenfest, wo nicht der Geruch von frisch gebackenem Kartoffelpfannkuchen in die Nase zieht. Und steht die Mutter am Herd und schaufelt *Pannekuche um Pannekuche uff de Deller*, kann sie sicher sein, dass kein Krümel übrig bleibt.

Wir stellen einige Rezepte vor, die anregen sollen, den knusprigen Gesellen auch einmal anders zuzubereiten.

Zunächst das ***Grundrezept für Kartoffelpfannkuchen:***

Kartoffeln schälen und mit einer Reibe in dünne, feine Streifen hobeln. 1 dicke Zwiebel fein reiben und untermischen. Mit Salz und Pfeffer abschmecken. Je nach gehobelter Menge 1 oder 2 Eier und 2 bis 4 gehäufte Esslöffel Weizenmehl untermischen. Pfanne gut heiß werden lassen und Pflanzenöl und Butter hineingeben. Kleine Portionen Teig in die Pfanne setzen und leicht flachdrücken. Nach ca. 3 Minuten wenden und nochmals 3 Minuten backen, bis die Plätzchen schön goldbraun und knusprig sind.

In Nord- und Oberhessen wird reichlich Schnittlauch unter den Teig gemischt, der dadurch eine grünliche Farbe annimmt und dann auch ›grüner Pfannkuchen‹ genannt wird.

Kartoffelpfannkuchen mit Apfelkompott

Der Klassiker. Aus frischen Äpfeln Apfelkompott kochen. Hierfür die Äpfel schälen, vierteln und die Kerne entfernen. Die Apfelviertel in Butter und Zucker andünsten, mit etwas Apfelsaft begießen, 1 Zimtstange dazugeben und aufkochen lassen – fertig ist das Apfelkompott. Die gebackenen Puffer auf die Teller verteilen und das Kompott dazugeben. Vielleicht mit einem Klecks geschlagener Sahne und Preiselbeeren garnieren.

Das geheime Gewürz von de Oma Julche: »Beim Reiwe von dene Kartoffel ritzt mer sich bestimmt immer en Finger wund. Unn so aan oder zwaa Blutsdroppe falle dann in die Schüssel. Erst dann schmecke die Pannekuche werklich gut«, hat die Oma Julchen gesagt.

Süßer Kartoffelkuchen

Mehlige Kartoffeln mit Schale in reichlich Salzwasser kochen. Danach die Kartoffel pellen und durch eine Kartoffelpresse in eine große Schüssel drücken. Mit einer leichten Prise Salz, Zucker, frischer Vanille und einigen Tropfen Bittermandel würzen. Die Masse mit 2 bis 3 Eigelb verrühren. 3 Eiweiße zu Eischnee schlagen und vorsichtig unter die Kartoffelmasse heben. Eine Springform gut ausbuttern und mit Semmelbröseln ausstreuen. Die Kartoffelmasse gleichmäßig in die Form verteilen und bei 160 °C im Backofen 20 bis 25 Minuten backen. Den Kartoffelkuchen auskühlen lassen und aus der Form nehmen. In gleiche Stücke schneiden und auf die Teller verteilen. Man kann den Kuchen so essen oder Früchte und Kompott dazu reichen.

Ein Geheimrezept

Die Kartoffeln gehören keinesfalls zu den Dickmachern – wie gelegentlich immer mal wieder behauptet wird. Im Gegenteil. Sie sind ein gesundes und wertvolles Nahrungsmittel. 100 Gramm enthalten gerade mal 68 Kalorien – weit weniger als Reis oder gar Nudeln. Außerdem bestehen sie zu 80 Prozent aus Wasser – und Kohlehydraten und vielen Ballaststoffen. Letztere regen die Darmtätigkeit und die Verdauung an.

Das Dickmachergerücht hat übrigens seinen Ursprung in Zeiten, in denen die tollen Knollen mit fettreichen Zutaten serviert wurden.

Kartoffeln können auch schönmachen, Falten wegzaubern und dem Gesicht ein frisches Aussehen verleihen. Und das ist das Geheimrezept – ganz einfach:

Die Kartoffel wird in zwei Hälften geschnitten, und mit ihren Schnittflächen reibt man die Haut ein. Die Haut nimmt die Feuchtigkeit auf und glättet sich. Auch Krähenfüße kann man beseitigen – mit einem Mus aus geriebenen rohen Kartoffeln, in Stofftüchern eingewickelt und auf die Augenlider aufgetragen.

Wie lange der frische Teint anhält, man weiß es nicht genau. Dennoch: Kartoffeln sind nicht nur für den Magen gut.

Kartoffelpfannkuchen mit Tartar

Frisches Rindertartar mit Salz und Pfeffer sowie fein gehackter Zwiebel und Eigelb würzen. 3 gebackene Puffer auf den Teller legen und in der Mitte das Tartar anrichten. Mit einer Sardelle und Kapern garnieren.

Probieren geht doch über Studieren.
Im Rheinland legt man die Pfannkuchen auf ein reichlich gebuttertes Schwarzbrot und isst dazu Rüben oder Apfelkraut.

Kartoffelpfannkuchen mit Lachstartar

Pro Person 140 g frisches Lachsfilet rechnen. Das Lachsfilet zu einem Tartar zusammenhacken. Mit Salz, Pfeffer, Olivenöl und etwas frischer Zitrone würzen. Das Lachstartar auf die Mitte des Tellers legen und die Puffer um das Tartar herum anordnen. 2 Esslöffel saure Sahne mit Salz, Pfeffer, etwas Senf und einigen Spritzern Zitronensaft verrühren. Diese leckere Sauce zum Lachstartar reichen.

Kartoffelpfannkuchen mit Matjestartar

Pro Person mit 2 Matjesfilets rechnen. Die Matjes mit einem breiten Messer sehr fein hacken und auf den Teller legen. Fein gehackte Zwiebelchen darauf verteilen und die Kartoffelpuffer dazulegen. Für die Sauce 2 Esslöffel saure Sahne mit Salz und Pfeffer verrühren und noch etwas frisch gehackte Petersilie dazumischen. Die fertige Sauce zu dem Matjestartar geben.

Kartoffelpfannkuchen mit frischen Pfifferlingen

Für dieses Gericht kann man auch andere Pilzsorten verwenden. Je nach Jahreszeit kaufen, was angeboten wird. Die Zubereitung ist immer gleich.

Pro Person 120 bis 150 g frische Pilze. Die Pfifferlinge gut putzen (Pilze nie waschen!) und in grobe Stücke schneiden. Fein gehackte Zwiebel in Butter andünsten und die Pilze dazugeben. Nach 2 bis 3 Minuten etwas flüssige Sahne aufgießen und leicht einköcheln lassen. Mit Salz, Pfeffer und gehackter Petersilie abschmecken. Die fertigen Pilze auf die Teller verteilen und die Puffer dazulegen.

Pfifferling, wo ist das Ding?
Im Kellerloch, da rappelt's noch!
Der Kinderreim stimmt nicht. Pfifferlinge kann man auch im Keller nicht züchten. Sie wachsen nur im Wald. Und wer seine streng geheim gehaltenen ›Eierschwammerl‹-Plätze kennt, wird sie niemals einem anderen verraten.

Kartoffelpfannkuchen vegetarisch

Lauch, Sellerie und Karotten in feine Streifen schneiden und für 3 Minuten in kochendes Salzwasser geben. Danach in kaltem Wasser abschrecken, auf ein Sieb gießen und gut abtropfen lassen. Man kann auch andere Gemüsesorten wie Zucchini, Spinat oder Paprika verwenden. Die geschnittenen Gemüse mit den geriebenen Kartoffeln vermengen, salzen und pfeffern. Bei dieser Zubereitung muss aber ein Ei dazugegeben werden, damit die Bindung stimmt. In der Pfanne jetzt die Gemüsepuffer backen. Für die Sauce Quark mit flüssiger Sahne verrühren, mit Salz und Pfeffer würzen und gehackte Kräuter daruntermischen. Die fertiggebackenen Gemüsepuffer auf die Teller anrichten und einen großen Schlag unserer Quarkcreme dazugeben.

Schepperlinge aus Waldeck

Im Waldeck- und Nordhesse-Land
sinn die Schepperlinge bekannt,
die mer mit Butter gut bestreicht
un en Kaffee dazu reicht.
Doch vorm Genuss der gude Sache
muss mer Schepperlinge erst mache:

Kartoffel schäle, ibberem Dibbe
mit de Reibe klaageribbe,
zieht 's jetzt Wasser, deht ich bitte,
des dann eifach wegzuschitte.
Brettscher in warm Milch weisch ei,
aus allem mach en Deich mit Ei,
werz en mit Salz un mit Muskat,
hab e Backblech dann parat,
mit Speck des Blech gud präpariert,
de Deich als Küchlein druff platziert,
bei zwaamal hunnert Grad in' Ofe rinn,
bis se farblich goldbraun sinn.

PS:
Schepperling merr backe kann
statt im Ofe in'rer Pann,
des abber iberlass ich euch,
es gibt da ganz verschiedene Bräuch!

Mario Gesiarz
(aus: Babbel-, Koch- und Lesebuch.
Verlag M. Naumann, Nidderau, 2005)

Rösti

Verwandt mit dem Kartoffelpfannkuchen sind die Schweizer Rösti. Als eigenständiges Gericht oder als Beilage zu Fleischgerichten erfreuen sie sich auch bei uns großer Beliebtheit. Der Unterschied zum Kartoffelpfannkuchen: Rösti werden aus angekochten Kartoffeln hergestellt. Für dieses Gericht nur festkochende Kartoffeln verwenden. Die Kartoffeln so kochen, dass sie im Kern noch leicht fest sind. Die gekochten Kartoffeln schälen und auf der Reibe wie die Puffer hobeln. Mit Salz und Pfeffer würzen.

Die Pfanne mit Pflanzenöl heiß werden lassen und dann die Röstimasse ganz locker in die Pfanne streuen. (Rösti werden nicht wie Puffer als kleine Fladen zubereitet, sondern als ganze Masse.) Die Kartoffelstreifen 4 Minuten anbraten und wenden. Nach weiteren 4 Minuten sind die Rösti fertig. Sie müssen nun knusprig und braun sein.

Rösti mit Blutwurstgegrösel

120 g geräucherte Blutwurst in Stücke schneiden und in der Pfanne anbraten. Wenn die Blutwurst knusprig ist, ein Ei unterrühren und diese Masse auf die Rösti verteilen. Dazu Apfelkompott und frischen Blattsalat servieren.

Rösti mit geräuchertem Lachs und Sahnemeerrettich

Frische Rösti reichlich mit geräuchertem Lachs belegen. In geschlagener Sahne frisch geriebenen Meerrettich verrühren und mit Salz und einer Prise Zucker würzen.

Rösti mit gebratenen Speckstreifen und Spiegelei

4 bis 5 Speckstreifen in einer Pfanne von beiden Seiten knusprig ausbraten. Die krossen Speckstreifen auf die Rösti legen und darauf 1 Spiegelei legen.

Julchens Kartoffelplätzchen

Oft hat man Salzkartoffeln vom Vortag übrig. Diese kann man noch gut verwenden, wenn man eine Beilage zu Bratenfleisch mit Soße auf den Tisch bringen will.

500 g gekochte Salzkartoffeln, 1 Ei, Salz, Muskat und 50 g Weizenmehl verwenden. Die Petersilie hacken, die Kartoffel pürieren. Ei, Mehl, Gewürze und Petersilie unterkneten. Daraus eine dicke Rolle formen und Scheiben abschneiden. Diese in heißem Fett (oder auch Butter) goldbraun ausbacken.

Überraschung für Ihre Party-Gäste.
›Finger-Food‹ nennt man neuerdings die kleinen Appetit-Häppchen, die zum Begrüßungstrunk gereicht werden.
Sie werden großen Erfolg haben, wenn Sie ganz kleine Rösti-Taler ausbacken und diese mit Krabben, Lachs, Schinken, Frischkäse und, und, und … belegen und hübsch garnieren.

Kardoffel-Pannekuche

Liebes Mädche, keine Bange,
jeden Mann kannst du dir fange.
Haste aach kaa Traumfigur,
bist werklich net e Model pur,
unn guckt mer mal genauer hin,
zeischt sich ein leichtes Doppelkinn!

Mächt nix, lad ihn zu dir ei
zum Bierche odder Äppelwei,
sei lieb unn nett unn gastfreundlich,
unn dann – dann mach dich in die Küch.
Kadoffel schäle unn die reiwe,
Zwiwwel aach unn standhaft bleiwe,
Mehl unn Eier unnerhebe,
Pfeffer, Salz dazu noch gebe,
fertisch is de ganze Brei,
fix dann in die Pann enei.

Knusprisch klaane Dinger backe,
dass die beim Beiße rischtisch knacke.
Die servierst du dann dem Mann.
Der guckt den Deller gierig an,
verschlingt so fuffzeh, zwanzisch Stück
Pannekuche, unn deim Glück
steht dann gar nix mehr im Wege.
Der Kerl muss net mehr iwwerlege:
Glücklich, selig fraacht er dich:
Gell, mein Schatz, du heirats mich?

Juliane Colloseus

Ei, waaßde, du hast viel von mir!
Komm, geh weck!

Die Frikadelle – ein köstliches Geheimnis

Sie hat viele Namen: Bulette (heißt ›Kügelchen‹ im Französischen, kommt von den Hugenotten und war in Berlin geläufig), Fleisch-Laibchen, Fleisch-Pflanzerl, faschierte Laibchen, Deutsches Beefsteak, falscher Hase (wobei damit ein Hackbraten mit eingebackenem, hart gekochtem Ei gemeint war).

Freilich sind die meisten Bezeichnungen landschaftsbezogen. Wir in Hessen sagen dazu ganz einfach Frikadelle. Trotzdem bleibt die Frage, woher der Name kommt.

Wie so vieles, was kulinarisch ist, hat die Frikadelle als urdeutsches Produkt ihren Namen aus Italien. Dort heißt frittadella einfach und schlicht ›Gebratenes‹. Also etwas, was vieles offen lässt. Will man dabei einiges auf einen Nenner bringen, dann gehören zur Frikadelle unbedingt 5 Zutaten: Fleisch oder Fisch, Geflügel oder Lamm – alles natürlich gehackt –, Brötchen, Eier, Kräuter und Gewürze.

Übrigens, keine Stammkneipe kam früher – und manchmal gilt das heute noch – ohne ein bestimmtes Frikadellenangebot aus. Das hatte nämlich einen optischen Anziehungspunkt. Die Frikadellen lagen unter einer Glasglocke, so wie heute auch noch der Käse aufbewahrt wird. Gelegentlich sahen sie ein bisschen schwitzig und fett aus, und fragte man den Wirt nach dem Semmelanteil, so lächelte er verschmitzt vor sich hin und nannte das sein Küchengeheimnis.

Unner de Glasglock sitze se,
unn dadrunner schwitze se.
Am Tresen kann se mer sehn,
weil se da stehn:
die Frikadelle.
Die kann mer bestelle.

Will mer so e Ding esse,
soll mer en Schnaps net vergesse,
denn was drinn is, waaß kaaner,
nur aaner:
der Wert, der Schlaue,
unn dem musste vertraue!

So war das letztlich eine reine Vertrauenssache zwischen Gast und Wirt. Trotz allem blieben die Frikadellen im Wirtshaus meist *der* Verkaufsschlager – das Stück um eine D-Mark. Und am Absatz der kleinen runden ›Gebratenen‹ hatten die Thekensteher einen großen Anteil. Denn bei ihrer Bestellung hieß es oft: »Herr Wirt, e Rund Korze und for jeden e Frikadell.«

Ob nun der Wirt in seiner Gastwirtsküche oder ob Hausfrauen, Hausmänner, Hobbyköche oder Gelegenheitskocher zu Hause, es gibt für die Zubereitung der Frikadelle – ähnlich des Pfannkuchens – auch ***ein Grundrezept***. Und dazu braucht man:

ZUTATEN:

500 g gemischtes Hackfleisch (Rind und Schwein)
2 eingeweichte Brötchen
2 Eier
1 mittlere Gemüsezwiebel
Salz und Pfeffer

Die Zwiebel in feine Würfel schneiden und in Butter leicht andünsten. Die eingeweichten Brötchen gut ausdrücken und alle Zutaten gut vermengen. Mit Salz und Pfeffer kräftig abschmecken. Je nach Geschmack kann man die Frikadelle auch noch mit etwas Senf, gehackter Petersilie oder Knoblauch variieren.

Oft merkt mer's gar net, mer ahnt's nur, so locker kann e Frikadell nur sein, wenn viel zu viel Brötcher neigemischt worn sinn unn mit dem Fleisch gespart worn is. Guter Rat: Der Brötchenanteil sollte nicht mehr als 30 Prozent betragen.

Frikadelle
mit Zwiebelsauce

Aus der Hackmasse gleichmäßig große Frikadellen formen und in der Pfanne von beiden Seiten knusprig braun braten. Für die Zwiebelsauce eine Zwiebel in feine Scheiben schneiden und in Butter andünsten. Mit braunem Bratenfond auffüllen und 2 bis 3 Minuten gut durchkochen. Mit Salz und Pfeffer abschmecken. Die fertiggebratenen Frikadellen zusammen mit der Zwiebelsauce anrichten.

Hackfleisch ist fein gehacktes, grob entsehntes Muskelfleisch. Heute wird es nicht mehr mit dem Messer gehackt, sondern mit Hilfe eines Fleischwolfs hergestellt. Rohes Hackfleisch ist sehr schnell verderblich. Deshalb gibt's die Hackfleischverordnung. Sie besagt, dass Hackfleisch – unverpackt – nur am Herstellungstag verkauft werden darf.

Die Zwiebel ist Vitaminbombe und Mineralstoffspeicher zugleich. Sie war Nahrung und Arznei für jene Arbeiter, die die Pyramiden bauten. Durch ihr Senföl schützt sie den menschlichen Verdauungsapparat, wirkt keimtötend und wird vorbeugend gegen Grippe empfohlen (gilt nur für rohe Knollen). Jedem Gericht verleiht sie eine warme Würzigkeit, wobei die rote Zwiebel am kräftigsten und würzigsten schmeckt. Zwiebeln soll man nur mit scharfem Messer würfeln und schneiden, nicht hacken und nicht im Elektrogerät zerkleinern – das kann sie bitter machen. Und die Zwiebeln immer komplett aufbrauchen, denn in aufbewahrten halbierten Zwiebeln bildet sich schon nach wenigen Stunden ein Gift.

Frikadelle mit verschiedenen Relishes gefüllt

Relishes sind Saucen oder Dips, die kalt und warm mit den Frikadellen gereicht werden können. Hier nun einige Beispiele, die man jedoch immer anders zusammenstellen kann.

Relish mit Gurken und Zwiebel

Eine Zwiebel in feine Würfel schneiden und in Butter und Zucker glasig dünsten. Fein gehackte Essiggurken dazugeben und mit etwas Gurkenbrühe aufgießen. Alles zu einer kompakten Masse einkochen lassen. Mit Salz und Pfeffer abschmecken.

Es gibt viele Tips, wie Tränen beim Zwiebelschneiden zu vermeiden wären. Alles probiert – nix genutzt! Bis ich nach dem Skiurlaub auf die Idee kam, meine Skibrille aufzusetzen. Die Enkelkinder habe ich zum Lachen gebracht – und ich hab' nicht mehr weinen müssen beim Zwiebelschneiden.

Relish mit Paprika

Je eine rote, gelbe und grüne Paprika in feine Würfel schneiden und mit einer gewürfelten Zwiebel in Olivenöl andünsten. Mit 2 Esslöffeln Balsamico-Essig ablöschen und mit Salz und Pfeffer würzen.

Relish mit Apfel-Meerrettich

2 säuerliche Äpfel in Würfel schneiden und mit Zitronensaft beträufeln. 150 g Crème fraîche und etwas geriebenen Meerrettich mit den Äpfeln gut vermengen und mit Salz, Pfeffer und einer Prise Zucker würzen.

Natürlich kann man Frikadellen auch mit Fisch zubereiten. Wichtig hierbei ist jedoch, dass der Fisch absolut frisch sein muss. Durch das Eiweiß des Fisches braucht man keine Eier zur Bindung. Auch muss bei der Zubereitung darauf geachtet werden, dass der Fisch gut gekühlt verarbeitet wird.

Frikadelle mit Schafkäse gefüllt, auf Lauch und getrockneten Tomaten

Eine Frikadelle von ca. 150 g formen, mit den Händen auseinanderdrücken und in die Mitte ein Stück Schafkäse von ca. 80 g legen. Alles wieder zusammendrücken und zu einer runden Frikadelle formen. In einer Pfanne von beiden Seiten gleichmäßig braten. Das Helle vom Lauch in dünne Streifen schneiden und gut waschen. Die getrockneten Tomaten ebenfalls in Streifen schneiden und mit dem Lauch in Olivenöl dünsten. Etwas fein gehackten Knoblauch dazu und mit Salz und Pfeffer abschmecken. Die gefüllte Frikadelle mit dem Lauch und Tomaten anrichten.

Frikadelle vom Zander

Vom Zander die Haut abziehen und das Filet in feine Würfel schneiden. Leicht mit Salz würzen und im Küchenmixer pürieren, bis eine kompakte Fischmasse entsteht. Jetzt mit Salz und Pfeffer abschmecken. Eine besondere Geschmacksnote kann mit frisch gehackten Kräutern wie Basilikum oder Estragon erreicht werden.

Aus der Fischmasse Frikadellen formen und in Olivenöl braten. Je nach Stärke rechnet man mit ca. 4 Minuten für beide Seiten.

Dieses Rezept kann auch für viele andere Fischsorten, z.B. Lachs oder Victoria-Barsch, angewandt werden. Pro Person mit 160 g Fischfilet rechnen.

Geflügelfrikadelle

Zarte Hähnchenbrustfilets eignen sich bestens für diese Zubereitung. Die Herstellung ist ähnlich der Fischfrikadelle. Wichtig auch hier, dass die

Filets frisch und gut gekühlt sein müssen. Die Hähnchenbrüste, ca. 160 g pro Person, in feine Würfel schneiden und im Küchenmixer fein pürieren. Mit Salz und Pfeffer abschmecken. Gibt man unter diese Masse noch etwas fein gehackte Pilze wie Champignons oder Pfifferlinge, bekommt diese Frikadelle einen besonderen Geschmack. Die geformten Frikadellen in Butter von beiden Seiten 4 bis 5 Minuten braten.

Frikadelle mit Wild

Sehr gut schmeckt dieses Gericht mit Rehfleisch. Hierfür werden 400 bis 500 g frische Rehschulter durch den Fleischwolf gedreht. Eine fein gehackte Zwiebel in Butter andünsten und mit 0,1 l trockenem Rotwein ablöschen. Wenn die Flüssigkeit eingekocht ist, die jetzt roten Zwiebeln zu dem Rehfleisch geben. Mit 2 Eiern, Salz, Pfeffer und etwas frischem Majoran gut durchmengen. Die Rehfrikadelle in Butter langsam braten und mit Rotkraut und Kartoffelbrei anrichten.

Empfehlenswert als Getränk zur Wildfrikadelle ist Rotwein, und da vor allem der Spätburgunder. In Hessen steht diese Rebsorte nach dem Riesling an zweiter Stelle beim Anbau, klassisch vor allem der Spätburgunder aus Aßmannshausen. Er und die Wildfrikadelle – zwei, die sich finden müssen.

Frikadelle vom Lamm

Beim Metzger frische Lammschulter durch den Fleischwolf drehen lassen – 160 g pro Portion. Das Rezept entspricht dem Grundrezept für die Frikadelle. Verfeinert wird die Masse mit fein gehacktem Knoblauch und frischem Rosmarin und Thymian. Die Frikadellen in Olivenöl von beiden Seiten für 4 bis 5 Minuten braten.

Schon vor 11 000 Jahren war das Schaf im vorderasiatischen Raum für den Menschen von großer Bedeutung und wurde für den Verzehr gehalten. Es ist daher kein Wunder, dass Hirten, Schafe und Lämmer im Alten und Neuen Testament eine große Rolle spielen. Abels Opferlamm erweckte bei Gott mehr Wohlwollen als Kains dargebrachte Feldfrüchte. Wie es ausging, ist bekannt: Kain erschlug seinen Bruder Abel. In der Weihnachtsgeschichte durften Schafe und Lämmer bei der Geburt Jesu dabeisein.

Gemüsefrikadelle

Auch die Vegetarier müssen nicht auf ihre geliebte Frikadelle verzichten. Es gibt mittlerweile sehr gute Fertiggerichte, jedoch ist eine selbstgefertigte Frikadelle wesentlich besser. Die Herstellung einer Gemüsefrikadelle ist etwas aufwendig. Für die Zubereitung braucht man mindestens 4 Sorten frisches Gemüse: am besten Erbsen, Karotten, Blumenkohl und Broccoli – wegen der Farbe. Die Gemüse werden alle in gleichmäßig feine Würfel geschnitten und in Butter zu einem knackigen Biss angedünstet. Mit Salz, Pfeffer, frischem Basilikum oder grober Blattpetersilie kräftig abschmecken. 2 bis 3 Eigelbe unterheben und die Masse auskühlen lassen. Die Frikadellen in Butter vorsichtig von beiden Seiten braten. Dazu einen bunt gemischten Salat und Grüne Sauce servieren.

Petersilie-Suppenkraut
wächst in unserem Garten.
Unser Lina ist die Braut,
kann nicht länger warten.
Aber dann, aber dann
kriegt die Lina einen Mann …

Petersilie gilt als erotisches Gartenkraut. In der Odyssee ist die Insel der Nymphe Kalypso mit einem Teppich von Petersilie bedeckt, als diese Odysseus verführte. Im Mittelalter wurde die Petersilie wegen ihrer erotisierenden Wirkung geschätzt – und gefürchtet. Man sagte ihr auch nach, dass Kräuterhexen sie bei Schwangerschaftsabbrüchen verwendet haben sollen.

Lob uff die Frikadell

De Wersching is in meinem Gaade
dies Jahr werklich gut gerate.
Paar Kadoffel dazu schäle,
dann duht nur noch die Beilag fehle.

Was mach ich jetzt nur uff die Schnelle?
Genialer Eifall: Frikadelle!
Trockne Brötcher sin noch da,
Zwiwwel nei, des is ja klar,
Eier hab ich grad noch drei,
unn Hackfleisch, des muss aafach sei.
Ich hab nur noch e knapp halb Pund.

Na, zu viel Fleisch is ungesund!
Ich weich so fünf, sechs Brötcher ei,
geb Salz unn Peffer mit debei,
misch des ganze Zeusch zusamme.
Brat klaane Laibcher in der Pfanne.
Dann ruf ich meinen lieben Mann,
dass er zum Esse komme kann.

Der määcht sich iwwer alles her,
krieht net genuch unn will noch mehr.
Er schmatzt, er rülpst. Dann is er satt
unn säächt – da bin ich werklich platt –,
während er die Lippe leckt:
»So gut hat's lang net mehr geschmeckt.«

Unn die Moral von der Geschicht:
Allzuviel Hackfleisch, das braucht man nicht!
Trockene Brötchen, die tun es auch.
Die Hauptsache ist ein satter Bauch!

von Juliane Colloseus

Der Hamburger

Die wohl bekannteste Frikadelle ist der Hamburger. Weltweit wird er von jung und alt geliebt. Für die Zubereitung wird nur reines Rindfleisch verarbeitet. Alle Fett- und Hautstücke müssen vom Fleisch weggeschnitten werden. Das Rindfleisch wird durch den Fleischwolf gedreht, mit Salz und Pfeffer gewürzt, zu einer dünnen runden Frikadelle geformt und gebraten. In ein Burgerbrötchen legen und je nach Geschmack mit Zwiebeln, Gurken, Salat und Mayonnaise garnieren.

Die Frikadelle ist eine urdeutsche Erfindung – ihre Heimat ist die Seefahrerstadt Hamburg. Auswanderer importierten diese Art der Fleischzubereitung nach Amerika. Irgend jemand kam auf die Idee, sie zwischen eine Semmel zu legen – der Hamburger war geboren. Zu Weltruhm gelangte die Bulette jedoch durch McDonald's: Die Gebrüder Mauriche und Richard McDonald eröffneten 1948 in San Bernardino (Kalifornien) die erste ›Drive-in Hamburger-Bar‹ und verkauften später die Lizenz und ihren Namen.

Hackbraten

Eine weitere Variante der Frikadelle ist der Hackbraten. Die Zubereitung der Fleischmasse ist die gleiche wie bei unserer Frikadelle. Zum Backen des Hackbratens eignet sich am besten eine Kuchenkastenform. Sie hat den Vorteil, dass der Hackbraten von Anfang bis Ende eine gleichmäßige Form hat und beim Backen kein Fleischsaft austritt. Je nach Größe einer Kastenform braucht man für die Füllung ungefähr 500 g fertige Hackfleischmasse. Die Kastenform gut ausbuttern und mit Semmelbrösel ausstreuen. Die Masse einfüllen und gleichmäßig verteilen. Im vorgeheizten Ofen bei 160 bis 180 °C ca. 50 Minuten backen.

Den fertiggebackenen Hackbraten aus der Form stürzen und in Scheiben schneiden. Sehr gut schmecken hierzu Kartoffelbrei und gemischter Salat.

Bunter Hackbraten

Je nach Größe 1 bis 2 rote, grüne, gelbe Paprika in feine Würfel schneiden und in Olivenöl andünsten. Mit Salz, Pfeffer, fein gehacktem Knoblauch abschmecken und mit der Hackmasse vermengen. In die Kastenform füllen und backen. Mit geröstetem Knoblauchbrot und buntem Salatteller ein schönes erfrischendes Gericht für den Sommer.

Hackfleischpudding

Bei dieser Zubereitung wird der Hackbraten nicht im Ofen gebacken, sondern im Wasserbad gegart. 500 g Rinderhackfleisch, 1 gewürfelte Zwiebel, 2 Eier, 2 eingeweichte und ausgedrückte Brötchen werden mit geschnittenen Champignons vermengt und mit Salz und Pfeffer abgeschmeckt. Eine Kastenform oder ein rundes Backförmchen gut ausbuttern und mit Semmelbrösel ausstreuen. Die Fleischmasse einfüllen und die Form mit Alufolie abdecken. Im Wasserbad ca. 60 Minuten garen. Dazu Reis und eine Tomatensauce servieren.

Fraß

Ein ungewöhnlicher Name für diese Art des Hackbratens. Hier die beiden unterschiedlichen Zubereitungsarten.

Fraß mit Weißkraut

Bei dieser Variante wird der Hackmasse frisch gedünstetes Weißkraut untergemengt. Eine kleine, fein gehackte Zwiebel mit etwas gewürfeltem Bauchspeck andünsten und 300 g geschnittenes Weißkraut dazugeben. Mit Salz, Pfeffer und Kümmel abschmecken. Das Weißkraut unter die Fleischmasse mengen und in die Kastenform füllen. Im Backofen ca. 50 Minuten backen. Auch hierzu schmeckt ein frischer Kartoffelbrei oder Kartoffelsalat.

Fraß mit Sauerkraut

500 g Hackmasse werden mit 250 g gekochtem Sauerkraut gut vermengt und in die Kastenform gefüllt. Im Ofen 50 Minuten backen. Dieser Hackbraten bekommt durch das Sauerkraut eine lockere Konsistenz, Geschmack und Duft sind unvergesslich.

»Eben geht mit einem Teller
Witwe Bolte in den Keller,
dass sie von dem Sauerkohle
eine Portion sich hole,
wofür sie besonders schwärmt,
wenn er wieder aufgewärmt.«

So hat Wilhelm Busch
in seinem
›Max und Moritz‹
dem Sauerkraut
ein Denkmal gesetzt.

Falscher Hase

Die Kastenform bis zur Hälfte mit der Hackmasse füllen. Darauf in die Mitte geschälte und gekochte Eier verteilen. Darüber die restliche Hackmasse verteilen. Wie bereits beschrieben, im Ofen backen. Zusammen mit Kartoffelstampes oder Kartoffelgemüse anrichten.

Der Blickfang eines jeden Kalten Buffets kann der Falsche Hase sein, wenn man den Braten einen Tag lang kaltstellt und dann in Scheiben geschnitten und mit Petersilie und Radieschen garniert auf einer dekorativen Fleischplatte zwischen die anderen Köstlichkeiten stellt.

Fleischklopse und Fleischklößchen

Diese Varianten der Frikadelle werden überall anders genannt. Im Prinzip sind es immer kleine Fleischkugeln, die entweder gebraten oder gekocht werden. Auch hier gibt es viele Zubereitungsmöglichkeiten. Die Herstellung ist wie im Grundrezept Frikadelle beschrieben.

»Da hast du dir awwer en dicke Klops erlaubt!«
Umgangssprachlich, wenn man einen Fehler gemacht hat.

Fleischklößchen auf Radieschensalat

Pro Person 5 bis 6 Stück Kugeln formen und in der Pfanne gleichmäßig braten. Von den Radieschen die Blätter und die Wurzeln wegschneiden und in feine Streifen raspeln. Mit Essig, Öl, Salz und Pfeffer marinieren und gleichmäßig auf die Teller verteilen. Die gebratenen Hackbällchen darauf verteilen und mit gehackter Petersilie bestreuen.

Geschmorte Hackbällchen in Tomatensauce und mit Ziegenkäse überbacken

Eine Tomatensauce kochen und in eine Auflaufform füllen. Die rohen geformten Hackbällchen in die Sauce verteilen und im Backofen bei 160 °C ca. 40 Minuten schmoren. 10 Minuten vor Ende der Backzeit den Ziegenkäse darauf verteilen und im Backofen weitergaren, bis der Käse verlaufen ist.

Hackbällchen mit Schmorgurken

2 Salatgurken schälen, halbieren und mit einem Esslöffel das Fruchtfleisch herausschaben. Dieses in einem Topf erhitzen und die fein geschnittenen Gurkenscheiben darin weichgaren. Pro Person 5 bis 6 Fleischbällchen braten. Zu den jetzt weichgeschmorten Gurkenscheiben 2 Löffel Crème fraîche und gehackten Dill geben. Mit Salz, Pfeffer und etwas Zitronensaft abschmecken und die Fleischbällchen dazulegen. Alles zusammen noch einmal 2 bis 3 Minuten ziehen lassen. Dazu Salzkartoffeln und Salat reichen.

Königsberger Klopse

Die bekannteste Art der Klopse sind die Königsberger Klopse. Bei dieser Zubereitungsart werden die Fleischbällchen jedoch nicht gebraten, sondern in einer besonderen Brühe gegart.

Zu der Hackmasse (siehe Frikadelle) kommen jetzt noch 4 bis 5 fein gehackte Sardellenfilets. Eine Brühe mit Pfefferkörner, Lorbeerblätter

und etwas Zitronensaft erhitzen. Mit nassen Händen gleichmäßig runde Bällchen formen und in die Brühe geben. Die Klopse bei schwacher Hitze ca. 20 Minuten ziehen lassen. Von der Brühe einen Teil wegnehmen und leicht andicken. Flüssige Sahne dazugeben und mit 2 Löffel Kapern sowie Salz und Pfeffer abschmecken. Zu den Klopsen schmecken am besten Salzkartoffeln.

Krautwickel (Kohlroulade)

Zur Familie des Hackbratens gehört natürlich auch der Krautwickel. Je nach Geschmack und Belieben verwendet man hierzu Weißkraut- oder Wirsingblätter.

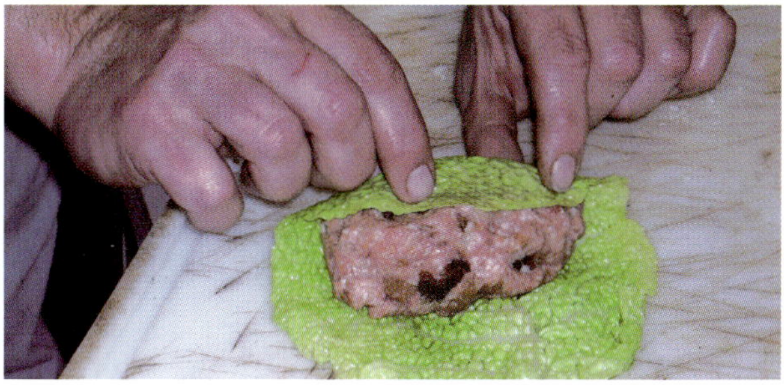

Von dem Kohl wird zuerst der Strunk herausgeschnitten, dann werden die einzelnen Blätter losgelöst und in reichlich kochendem Salzwasser für 2 bis 3 Minuten blanchiert. Die Blätter sofort in kaltem Wasser abschrecken und auf einem Sieb gut abtropfen lassen. Die Hackmasse (siehe Rezept Hackbraten) auf die Blätter verteilen und zusammenrollen. In einer Pfanne kurz anbraten und dann in eine Auflaufform legen. Mit etwas Rindfleischbrühe angießen und im Ofen für ca. 1 Stunde schmoren. Dazu Salzkartoffeln und Salat reichen.

Deutsches Beefsteak

ZUTATEN FÜR 4 PERSONEN:

500 g Rinderhackfleisch
3 Zwiebeln
Salz und Pfeffer,
2 Esslöffel Wasser
1 Esslöffel Mehl
60 g Butter
Sonnenblumenöl

Eine Zwiebel fein schneiden, dann mit Fleisch, Mehl, Gewürzen und Wasser zu einer geschmeidigen Masse verarbeiten und längliche Klöße daraus formen. In die Mitte ein kleines Stück Butter drücken und die Vertiefung wieder verschließen. In heißem Fett rasch auf beiden Seiten etwa 5 Minuten braten. Dabei ständig mit heißem Fett begießen. Dann die restlichen zwei in Ringe geschnittenen Zwiebeln knusprig werden lassen und die Beefsteaks damit garnieren. Den Bratensaft kann man mit etwas angerührtem Mehl binden und mit Brühe pikant abschmecken. Zu Deutschem Beefsteak schmeckt besonders gut Kartoffelsalat.

1829 schrieb der Komponist und Klaviervirtuose Robert Schumann in einem Brief an seine Mutter, dass er in Frankfurt ein solides Beefsteak verzehrt habe. Offenbar sind diese in Frankfurt wohl wirklich besonders gut, denn Goethes Sekretär und Vertrauter Eckermann erwähnte ausdrücklich am 24. April 1830 in seinem Tagebuch, kurz nach Eintreffen in der Stadt am Main: »Beefsteaks habe ich seit Hamburg nicht so gute gegessen als hier.«

Des Biffstick

In eme Gasthaus zwetter Gieth
e Gast is abgestiche:
»Herr Ower, ich bin schrecklich mied,
kann ich noch schnell was kriche?« –

»Ja, liewer Herr, es is schon spät,
um die Zeit gibt's kaan Brate,
Ich würde, weil's doch am schnellste geht,
nor zu em Biffstick rathe.«

Es wird gebracht, es ist net groß,
dabei so hart wie Knoche,
versalze un kaa Dröppche Soos,
doch dafor hat's geroche.

Der Gast, der macht sich mutig dran
un duth's enunnerwerche,
dann guckt er sich den Kellner an
un kann sich net beherrsche.

Er segt: »Ich reis' des ganze Jahr
un redd' net viel vom Esse;
doch Biffstick – des is sonnenklar –
hab ich schon besseres gesse!« –

Der Kellner steckt den Vorwurf ei
un krieht e roth Gesicht:
»Mein Herr, des kann ja meglich sei,
bei uns war's awwer nicht!«

von Franziska Zilcher-Oppel
(aus: Babbel-, Koch- und Lesebuch.
Verlag M. Naumann, Nidderau, 2005)

Cevapcici und Pleskavica

Cevapcici und Pleskavica sind Nationalgerichte vom Balkan und seit den 1960er Jahren bei uns so bekannt wie die Frikadelle. Sie werden traditionell aus Rind- oder auch aus Lammfleisch hergestellt.

Cevapcici

ZUTATEN FÜR 4 PERSONEN:	
500 g Rinderhack	1 Esslöffel Olivenöl
1 große Zwiebel	Salz
2 Knoblauchzehen	schwarzen Pfeffer
1 Ei	etwas Rosenpaprikapulver

Zwiebel und Knoblauchzehen kleinhacken, Rinderhack mit Ei und den Gewürzen zu einem glatten Teig kneten. Hände mit dem Olivenöl benetzen und ca 10 cm lange Hackröllchen rollen. Etwa eine halbe Stunde ruhen lassen. Dann 10 Minuten grillen.

Mit grob gehackten frischen Gemüsezwiebeln servieren. Dazu gehört der Ajvar, eine scharfe Paste aus püriertem süßlichen Paprika.

Pleskavica

Zutaten wie bei Cevapcici, zusätzlich Schafkäse. Aus dem Fleischteig längliche Klöße formen, mit Schafkäse füllen und zu einem Fladen formen. Mit Olivenöl bepinseln und eine halbe Stunde ruhen lassen. Dann 10 Minuten grillen. Wie die Cevapcici mit Zwiebelringen und Ajvar servieren.

Als in den 1960er Jahren die ersten Serben und Kroaten aus Jugoslawien als Pächter in deutsche Gaststätten einzogen, entdeckte eine ganze Generation »Schewappes unn Pleschka« und auch den Schafkäse.
Die Restaurantgäste waren fasziniert. Heut würd mer sich manchmal wünsche, dass net in fast jeder Vereinskneip des Zeusch uff de Speisekart steht.

Gugg! Da habbe mer de Salad!
Komme mir da aach enei?

Kartoffelsalat – meiner is de allerbeste

Die ›tolle Knolle‹ ist in der deutschen Küche unentbehrlich. Meine Großmutter Julchen hat immer gesagt: »Wann ich en Sack Kadoffel im Keller hab, fällt mer noch immer was ei, was ich koche duhe könnt!«

Ja, das stimmt: Kartoffelklöße, Kartoffelpfannkuchen (Schepperlinge), Bratkartoffeln, Salzkartoffeln, Pellkartoffeln, Kartoffelgemüse, Kartoffelgratin, Pommes frites, Kartoffelpüree, Kroketten und, und, und … Aber die Krönung ist der Kartoffelsalat. Es gibt unzählige Rezepte dafür, und wir haben uns bemüht, die besten hier vorzustellen.

Allerdings glaubt ja jede Köchin und jeder Koch, dass ihr oder sein Rezept das beste sei. »Pfui Deiwel, die Meiern mächt ihrn Kardoffelsalat mit Majonnäs aa!« Oder: »Speckwerfel gehörn da unbedingt nei!« Aber auch: »Zwiwwel, Essisch unn Öl, Salz unn Peffer, sonst nix!« Über die richtige Zubereitung werden wahre Glaubenskämpfe geführt. Unser Vorschlag zur Güte: Gut isser, wann er schmeckt, unn iwwer Geschmack lässt sich net streite!

Wir sind sicher, dass Sie Ihr Kartoffelsalat-Lieblingsrezept unter unseren Vorschlägen finden können und werden.

Kartoffelsalat klassisch mit Speck und Zwiebeln

Die gewaschenen Kartoffeln in gesalzenem Wasser mit etwas Kümmel als Pellkartoffeln kochen, pellen und etwas abkühlen lassen. Entweder auf einer Reibe die Kartoffeln in Scheiben raspeln oder mit einem Messer in dünne Scheiben schneiden.

Hier das ***klassische Grundrezept***
Zutaten und Zubereitung für den Kartoffelsalat:
Für 500 g Kartoffeln 1 fein gehackte Zwiebel mit ca. 100 g gewürfeltem Bauchspeck in einer Pfanne anschwitzen. 1 Achtelliter Fleischbrühe aufgießen und einmal aufkochen lassen. Das alles über die geschnittenen Kartoffeln geben. 4 Esslöffel Pflanzenöl und 5 Esslöffel Essig (maximal 5% Säure) dazugeben und mit Salz und Pfeffer abschmecken.

Und klassisch wie dieses Kartoffelrezept ist auch seine Beilage: die Fleischwurst – in vielen Familien *das* Gericht am Heiligen Abend.

1885 malte Vincent van Gogh sein weltberühmtes Bild ›Die Kartoffelesser‹. An seinen Bruder Theo schrieb er: »Das Bild spricht von ihrer Hände Arbeit und davon, dass sie ihr Essen ehrlich verdient haben.«

Die Kartoffelesser. Öl auf Leinwand, 82 × 115 cm, Rijksmuseum Vincent van Gogh, Amsterdam

Für den Kartoffelsalat nimmt man am besten festkochende Sorten wie Hansa, Nicola, Cilena oder Linda. Sie eignen sich auch für Bratkartoffeln.

Für Pfannkuchen empfehlen sich mehligkochende Knollen wie Aula oder Irmgard. Die sind auch gut für Klöße und Suppen.

Schließlich gibt es noch die vorwiegend festkochenden Kartoffeln wie Quarta, Grata, Clivia und Desiree. Sie sind ein wahres Vergnügen für Salz- und Pellkartoffeln sowie Eintopfgerichte.

Kartoffelsalat mit Rosenkohl

ZUTATEN:

400 g Kartoffeln
500 g Rosenkohl,
4 hartgekochte Eier
200 g Mayonnaise
150 g Schmand,
1 Esslöffel grüner Pfeffer
1 Esslöffel Sherry medium dry
50 g gehackte Haselnüsse

Kartoffeln garen, abkühlen, pellen und in Scheiben schneiden. Die Kohlröschen halbieren, in Salzwasser 15 Minuten garen und abkühlen lassen. Aus Mayonnaise, Schmand, Pfeffer und Sherry ein Dressing zubereiten und mit den Kartoffelscheiben und dem Rosenkohl mischen. Die Haselnüsse über den Kartoffelsalat streuen und mit den geviertelten Eiern garnieren.

Kartoffeln, Kartoffeln –
wer isst sie nicht gern?
Die Armen, die Reichen,
die Bauern, die Herrn.
Man kann sie gebrauchen
auf mancherlei Art:
geröstet, gebraten,
zu Supp und Salat.
Und hat man kein Salz,
und hat man kein Schmalz,
so rutschen sie abgequellt
auch durch den Hals.

Kartoffelsalat mit Gemüse und Mayonnaise

ZUTATEN:
für hausgemachte Mayonnaise:
1 Eigelb
1 Esslöffel mittelscharfer Senf
Salz
1 Prise Zucker
Pfeffer
Sonnenblumenöl

Das Eigelb mit dem Senf und den Gewürzen in einer Schüssel mit einem Schneebesen gut vermischen und nach und nach das Öl in einen dünnen Strahl unter ständigem Rühren zugeben, bis die Mayonnaise die richtige Konsistenz hat.

Für den Kartoffelsalat 500 g Salatkartoffeln kochen und pellen. 250 bis 300 g verschiedene Gemüse – je nach Saison – in gleichmäßige Würfel schneiden und zu den Kartoffeln geben. Mit 4 bis 5 Esslöffel Salatmayonnaise vermengen. Mit Salz und Pfeffer abschmecken.

Morgens rund.
Mittags gestampft.
Abends in Scheiben.
Dabei soll's bleiben,
es ist gesund …

Johann Wolfgang von Goethe

Delikater Kartoffelsalat mit Räucherlachs

ZUTATEN:

1 kg Kartoffeln
1 Esslöffel Kümmel
2 Avocados
1 Kästchen Kresse
2 Schalotten
400 g Räucherlachs
1 Tasse Gemüsebrühe
4 Esslöffel Sojaöl
Saft von 2 Zitronen
1 Prise Muskat
Salz und Pfeffer
einige Tropfen Worcestersauce

Die Kartoffeln in Salzwasser und Kümmel garen, abkühlen, pellen und in dünne Scheiben schneiden. Die Avocados schälen, das Kerngehäuse entfernen, das Fruchtfleisch kleinschneiden und mit der Gemüsebrühe und dem Zitronensaft pürieren. Das Sojaöl einrühren und das Ganze mit den Gewürzen und der Worcestersauce kräftig abschmecken.

Die fein gehackten Schalotten und Kresseblätter unter das Dressing rühren. Das Dressing über die Kartoffelscheiben geben und damit mischen. Dann den in Streifen geschnittenen Räucherlachs unterheben.

Wussten Sie schon, dass …

… 3 bis 4 gekochte Kartoffeln pro Tag die Hälfte des Vitamin-C-Bedarfs decken?

… das Kochwasser der Kartoffel als probates Mittel gegen Läuse galt?

… die bekanntesten Kartoffelsorten meist weibliche Namen haben, wie Linda und Sieglinde?

Kartoffelsalat mit Räucherfisch

150 g geräucherten Lachs, 150 g geräuchertes Forellenfilet und 150 g Schillerlocken in gleichmäßig feine Würfel schneiden. 500 g Salatkartoffeln kochen und einen Kartoffelsalat zubereiten. Den gewürfelten Fisch unter den Kartoffelsalat heben und mit einigen Streifen frisch geriebenen Meerrettichs vermischen. Dazu einen leckeren Kopfsalat reichen.

Kartoffelsalat mit Matjes

500 g Salatkartoffeln kochen, pellen und in feine Scheiben schneiden. Eine Zwiebel und einen Apfel in feine Würfel schneiden und zu den Kartoffeln geben. 200 g rote Bete und zwei Essiggurken würfeln und ebenfalls unter die Kartoffeln mengen. 200 g Mayonnaise vorsichtig unterheben, 200 g frische Matjes würfeln und in den Kartoffelsalat geben. 20 Minuten durchziehen lassen und mit Salz und Pfeffer abschmecken. Mit halbierten, gekochten Eiern und gehackter Petersilie garnieren.

Sie sang zu ihm, sie sprach zu ihm:
Was lockst du meine Brut
mit Menschenwitz und Menschenlist
hinauf in Todesglut?
Ach wüsstest du, wie's Fischlein ist
so wohlig auf dem Grund,
du stiegst herunter, wie du bist,
und würdest erst gesund.

Johann Wolfgang von Goethe
in seinem ›Fischer‹

Kartoffelsalat mit Feldsalat (Schmalzkraut)

Einen Kartoffelsalat wie beschrieben zubereiten. 100 g Feldsalat waschen und gut abtropfen lassen. Den Feldsalat vorsichtig unter den Kartoffelsalat mengen. Wichtig ist, dass der Feldsalat erst kurz vor dem Essen untergehoben wird, da er sehr schnell zusammenfällt. Zur Verfeinerung kann man noch ausgelassene Speckwürfel darübergeben.

Kartoffelsalat mit Endivien

Von 500 g Kartoffeln einen Kartoffelsalat zubereiten. Einen kleinen Kopf Endiviensalat putzen und gut waschen. In grobe Streifen schneiden und kurz unter heißem Wasser abbrühen, damit die Bitterstoffe austreten. Die Endivienstreifen gut abtropfen oder in der Salatschleuder trocknen und unter den Kartoffelsalat mengen.

Kartoffelsalat für Feinschmecker

ZUTATEN:

600 g Kartoffeln	2 milde Peperoni
2 Esslöffel Kümmel	1 halbe Tasse Estragonessig
2 Lorbeerblätter	Salz und Peffer
250 g Zuckerschoten	1 Prise Muskat
0,25 l Gemüsebrühe	1 Prise Zucker
1 halbes Bund Frühlingszwiebeln	5 cl Sherry medium dry
1 halbe Tasse Sonneblumenöl	2 hartgekochte Eier
3 Knoblauchzehen	1 Glas Forellenkaviar

Die Kartoffeln in Salzwasser mit Kümmel und Lorbeerblättern garen, leicht erkalten lassen und in Würfel schneiden.

Die Gemüsebrühe erhitzen und die Zuckerschoten und die in Scheiben geschnittenen Frühlingszwiebeln darin bissfest garen. Dann herausnehmen und zu den Kartoffeln geben. Eier achteln und alles untermischen.

Das Sonnenblumenöl erhitzen und die fein gehackten Knoblauchzehen und die in Röllchen geschnittenen Peperoni hineingeben und anschwitzen. Die Gemüsebrühe und den Estragonessig zugießen und aufkochen lassen. Mit Salz, Pfeffer, Muskat und Zucker sowie Sherry abschmecken. Den Salat mit dem noch warmen Dressing überziehen, mit dem Kaviar garnieren und sofort servieren.

Das Gerücht hielt sich hartnäckig im Zweiten Weltkrieg. »Die Amerikaner werfen aus den Flugzeugen Kartoffelkäfer über Deutschland ab, damit die Ernte vernichtet wird«, verkündete das Nazi-Regime. Die Menschen haben es geglaubt. Selbst noch Anfang der 1950er Jahre erzählten sich die Kinder, dass die gelb-schwarz gestreiften kleinen Kerlchen »von den Amis ihre Fliescher abgeworfe wern«, denn damals krabbelten die Käfer sogar in den Städten an den Hauswänden hoch. Ein Körnchen Wahrheit hatte das Gerücht. Die Schädlinge kamen 1874 aus Amerika nach Europa.

Kartoffelsalat nach griechischer Art

ZUTATEN:	
500 g Kartoffeln	2 Esslöffel gehackte Minze
5 Frühlingszwiebeln	1 Esslöffel Senf
150 g Schafkäse	3 Esslöffel Joghurt
1 Esslöffel Kapern	Saft von 1 Zitrone
15 entsteinte schwarze Oliven	100 ml Olivenöl
3 Esslöffel gehackter Schnittlauch	Salz
3 Esslöffel gehackter Dill	schwarzer Pfeffer aus der Mühle

Kartoffeln in Salzwasser garen, abkühlen lassen, pellen und in Scheiben schneiden. Die Frühlingszwiebeln kleinhacken. Den Schafkäse in Würfel schneiden. Kartoffeln, Frühlingszwiebeln, Schafkäse, Kapern, Oliven, Schnittlauch und Minze gut vermengen.

Für das Dressing Olivenöl mit Zitronensaft vermischen. Joghurt, Dill und Senf hinzufügen und alles zu einer dicken Creme verrühren. Mit Salz und Pfeffer abschmecken. Das Dressing unter den Salat heben.

Polnischer Kartoffelsalat

Eine sättigende Abendmahlzeit mit mancherlei Resten. So fällt der Salat jedes Mal anders aus. Unbedingt dazu gehören geputzte, filetierte und gewässerte Salzheringe sowie Fleischreste wie Braten von gekochtem Rind- oder Kalbfleisch. Weitere Zutaten: eingelegte Gurken, Zwiebeln, Äpfel, hartgekochte Eier; gelegentlich rote Rüben und eine oder zwei gekochte Kartoffeln. Alle Zutaten fein würfeln. Zur Sauce: Schmand, Essig und Salz und Pfeffer verrühren und den Salat damit gut durchziehen lassen.

Italienischer Kartoffelsalat

Von 500 g Salatkartoffeln einen Kartoffelsalat mit Essig und Öl zubereiten. Je 150 g weiße und rote Bohnen, 200 g in Streifen geschnittene Salami und 4 geachtelte Fleischtomaten mit dem Kartoffelsalat gut vermengen und mit Salz und Pfeffer abschmecken. Zum Schluss mit 2 bis 3 Löffel Olivenöl vorsichtig begießen.

Russischer Eier

Für eine Person rechnet man 150 g Kartoffelsalat (ohne Speck), 2 hart gekochte Eier, 2 Esslöffel Mayonnaise, einige Scheiben Lachsersatz und falschen Kaviar.

Den Kartoffelsalat in der Mitte des Tellers anrichten und darauf die halbierten gekochten Eier legen. Die Mayonnaise auf die Eier verteilen und den Kaviar oben draufgeben. Die Lachsersatz-Scheiben in breite Streifen schneiden und zwischen die Eier legen. Mit grünem Salat und Gewürzgurken umlegen.

In den 1950er und 1960er Jahren fand man die Russischen Eier auf fast jeder Speisekarte. Heute sind sie beinahe vergessen. Im ›Gemalten Haus‹ in Frankfurt-Sachsenhausen kann sie der Gast noch finden: richtig nostalgisch mit Kartoffelsalat, Lachs- und Kaviarersatz. Übrigens: Mit Russland hat das Gericht nichts zu tun. Wahrscheinlich nennt man es so, weil die Eier mit einem Klecks falschen Kaviars, der in seiner echten Form aus Russland stammt, garniert werden.

Warmer Kartoffelsalat

ZUTATEN:

1 kg Kartoffeln	etwas Essig
100 g Speck oder Dörrfleisch	Salz und Pfeffer
Margarine oder Schmalz	0,25 l Brühe
1 große Zwiebel	gehackte Petersilie

Kartoffeln nicht zu weich kochen, pellen und in dünne Scheiben schneiden. Die Hälfte der gehackten Zwiebel roh zu den Kartoffeln geben, damit der Salat den frischen Zwiebelgeschmack behält. Die andere Hälfte im Fett glasig dünsten, dazu die Gewürze, den Essig und die Brühe geben. Dieses Gemisch heiß über die Kartoffeln gießen und das Ganze gut verrühren. Die Speckwürfel langsam ausbraten und zuletzt mit der Petersilie untermischen.

Als Beilage empfiehlt sich gebratene Kartoffelwurst, wobei das beim Braten aus der Wurst ausgetretene Fett unter den Kartoffelsalat gemischt werden kann.

Kartoffeln sind schon älter, als man denkt. Schon vor 8000 Jahren bauten die Inkas auf der Hochebene von Peru die Knollen an. Um die Preußen zum Anbau und Verzehr zu bewegen, ließ Friedrich der Große – der ›Alte Fritz‹ – Felder anlegen und von Soldaten bewachen. So wurden die Bauern neugierig auf die so sehr beschützte Feldfrucht. Sie trat ihren Siegeszug auch im übrigen Deutschland an und wurde allmählich zum Grundnahrungsmittel.

Ab dem 17. Jahrhundert wurden in Irland Kartoffeln angebaut. Sie ernährten ein ganzes Volk, bis sich 1845 ein kleiner Pilz, die Kartoffelfäule, in Europa und besonders auf den irischen Feldern ausbreitete und die gesamte Ernte verdarb.

Auch die nächsten drei Jahre brachten ausschließlich Missernten, und es kam zur großen Hungerkatastrophe in Irland. Wer konnte, floh aus dem Land. Fünf Millionen Iren wanderten in die USA aus, mehr als eine Million Menschen verhungerten.

Warmer Kartoffelsalat mit Weißkraut

350 g frisches Weißkraut in Streifen schneiden und mit gewürfelten Zwiebeln und 50 g Speck in einer Pfanne weichdünsten. Mit Salz, Pfeffer und Kümmel abschmecken. 500 g Kartoffeln kochen und daraus einen Kartoffelsalat zubereiten. Den noch warmen Kartoffelsalat mit dem warmen Weißkraut vermengen – eine schmackhafte Beilage zur Schweinshaxe oder zum Kotelett. Statt Weißkraut kann man natürlich auch frischen Wirsing verwenden.

Kartoffelsalat mit Schinken

500 g Salatkartoffeln kochen, pellen und in feine Scheiben schneiden. 250 g gekochten Schinken in feine Streifen schneiden und zu den Kartoffeln geben. Eine fein gehackte Zwiebel, 150 g Mayonnaise und 150 g Joghurt mit den Kartoffeln und den Schinkenstreifen vermischen. Mit Salz, Pfeffer, einer Prise Zucker und einigen Tropfen Tabasco abschmecken.

Wochenspeiseplan in Frankfurt zu Omas Zeiten

Sonntag:	*fetter Schweinebach und e groß Dippe Quellkartoffel, der für die ganze Woche reichte*
Montag:	*Kartoffelsalat mit Speck und Eiern*
Dienstag:	*Kartoffelklöß mit dem iwwerische Fleisch vom Sonntag*
Mittwoch:	*geröstete Kartoffel mit polnischem Salat*
Donnerstag:	*Kartoffelgemüs von de letzte Kartoffel vom Sonntag*
Freitag:	*Kartoffel- oder Eierpannekuche*
Samstag:	*dicke Linsesupp mit Kartoffelstickscher*

Kartoffelsalat Nizza (Salade niçoise)

500 g Salatkartoffeln kochen, pellen und in Würfel schneiden, danach mit 200 g gekochten grünen Bohnen, 250 g Thunfisch, 20 g Kapern, je 100 g grünen und schwarzen Oliven sowie 5 fein gehackten Sardellenfilets mischen und für ca. 30 Minuten durchziehen lassen. 2 kleine rote Zwiebeln in feine Würfel schneiden und mit 5 Esslöffel Öl und 3 Esslöffel Essig zu einer Marinade verrühren. Mit Salz und Pfeffer abschmecken. Die Sauce jetzt über den Salat geben und noch einmal vorsichtig unterrühren. Mit frischen Tomatenvierteln und frischem Basilikum garnieren.

Rustikaler Kartoffelsalat

500 g Salatkartoffeln kochen, pellen und in Scheiben schneiden. Mit Essig und Öl marinieren. 200 g Presskopf und 200 g Schwartemagen in Streifen schneiden und zu den Kartoffeln geben. 3 Stück Essiggurken und eine Zwiebel in feine Würfel schneiden und mit den Kartoffeln und der Wurst vermengen. Mit reichlich gehackter Petersilie bestreuen.

Kartoffelsalat mit Quark und Kresse

500 g Kartoffeln kochen, pellen und in Scheiben schneiden. 500 g Speisequark mit etwas Milch verrühren, 2 Esslöffel Essig und 5 Esslöffel Öl dazugeben, mit einem Schneebesen glatt vermengen und mit Salz und Pfeffer abschmecken. 250 g Garten- oder Brunnenkresse unter das Quarkdressing heben und mit den Kartoffelscheiben vermischen.

Kartoffelsalat mit Paprika und Wurst

500 g Salatkartoffeln kochen, pellen und in feine Scheiben schneiden. 1 rote und 1 grüne Paprikaschote und 250 g Staudensellerie in Würfel schneiden und zu den Kartoffeln geben. 250 g Fleischwurst in Streifen schneiden und mit den Kartoffeln und dem Gemüse vermischen. Aus 150 g Mayonaise, 150 Jogurt und 5 Esslöffel Ketchup eine Sauce herstellen und mit Salz und Pfeffer abschmecken. Die Sauce über die Kartoffeln geben und alles gut vermengen.

Druckbuchstaben aus Kartoffeln

Rohe Kartoffeln werden ungeschält in zwei Hälften geteilt. Dann malt man auf jede Hälfte einen Buchstaben oder ein Muster, z.B. einen Stern oder ein Herz. Mit dem Messer nun so viel wegschneiden, dass das Muster als erhabener Stempel stehenbleibt. Den Kartoffelstempel in Plaka-Farbe tauchen und damit Papier oder Stoff bedrucken. Ein Riesenspaß für Kinder!

Kartoffelsalat mit Poulardenbrust

500 g Salatkartoffeln kochen, pellen und in Scheiben hobeln. 3 Poulardenbrüste braten und danach in Streifen schneiden. 2 Löffel Mayonnaise, 2 Löffel Sahne, 1 Löffel Senf, 2 Löffel Joghurt und 1 Löffel Schnittlauch miteinander vermengen und mit Salz und Pfeffer abschmecken. Die Marinade zu den Kartoffeln und Poulardenstreifen geben und alles vorsichtig vermengen.

Geschlonzter Kartoffelsalat

500 g Kartoffeln kochen, pellen und in dünne Scheiben schneiden. Eine fein gewürfelte Zwiebel in Butter glasig dünsten und mit 1 Achtelliter Fleischbrühe aufgießen. 4 Löffel Pflanzenöl und 5 Löffel Essig dazugeben und mit Salz und Pfeffer abschmecken. Eine kleinere Salatgurke schälen, halbieren und mit einem Löffel das Fruchtfleisch ausschaben. Die Gurkenhälften in hauchdünne Scheiben raspeln und unter den Kartoffelsalat mengen.

Kartoffelsalat in Rot

ZUTATEN:
400 g Kartoffeln
1 Esslöffel Kümmel
Meersalz
400 g rote Bete aus dem Glas
1 Bund Frühlingszwiebeln
10 Salbeiblättchen
1 Bund Radieschen
100 g Rettich
200 g Salatgurke
1 großer Becher Joghurt
1 Esslöffel Paprikapulver edelsüß
2 Esslöffel Olivenöl
einige Tropfen Tabasco
Salz und roter Pfeffer aus der Mühle
Petersilie und Kresse zum Garnieren

Kartoffeln in Salzwasser mit Kümmel gar kochen, abkühlen lassen, pellen und in Würfel schneiden. Rote Bete in Stifte und Frühlingszwiebeln in Ringe schneiden. Salbei fein hacken, Radieschen in Scheiben schneiden. Den Rettich und die Gurke schälen und würfeln. Kartoffeln und Gemüse mischen. Den Joghurt mit dem Paprikapulver und Olivenöl verrühren und mit Salz, Pfeffer und Tabasco abschmecken. Das Dressing über den Salat geben, vorsichtig mengen. Alles 10 Minuten ziehen lassen und mit den Kräutern garnieren.

Tips für die Hausfrau und den Hausmann rund um die Kartoffel

Sind Suppen oder Saucen versalzen?
Eine Scheibe rohe Kartoffel hineinlegen. Sie saugt das Salz zur Hälfte auf.
Bei Sonnenbrand oder Brandwunden frische Kartoffelschalen auflegen.
Sie entziehen Brandhitze und verhindern Brandblasen.
Bei Kopfschmerzen die Stirn mit rohen Kartoffelscheiben einreiben.
Kupfer- und Silberobjekte mit Kartoffelwasser behandeln.
Das gibt neuen Glanz.
Welker Salat wird wieder frisch, wenn er in Wasser gelegt wird
und Zitronensaft und rohe Kartoffelschalen hinzugegeben werden.

Grüner Kartoffelsalat

1 Päckchen Frankfurter Grüne Soße waschen und putzen. 200 g saure Sahne glattrühren, mit 1 Teelöffel Senf, dem Saft einer halben Zitrone, Salz und Pfeffer abschmecken. Die Kräuter fein hacken oder durch den Fleischwolf drehen und mit der sauren Sahne verrühren. 500 g Kartoffeln kochen, pellen und in Scheiben schneiden. Die Saure-Sahne-Kräuter-Sauce mit den Kartoffelscheiben vermischen. Dazu schmeckt sehr gut gekochtes Rindfleisch wie Tafelspitz oder Ochsenbrust.

Blauer Kartoffelsalat

Für diesen Kartoffelsalat verwendet man die Laratt-Kartoffel. Sie ist eine der ältesten Kartoffelsorten und entsprechend teuer, in der Farbe blau bis violett und ähnelt im Aussehen einer Ingwerwurzel. Die Kartoffel wird gut gewaschen und nicht ganz gar gekocht, damit sie nicht auseinanderfällt. Mit einem kleinen Küchenmesser vorsichtig die Haut abziehen und in feine Scheiben schneiden. Mit Essig und Öl marinieren und mit Salz und Pfeffer abschmecken. Diese Variante ist eine interessante Beilage zu weißem Fisch.

Gelber Kartoffelsalat

500 g Kartoffeln schälen und in Salzwasser kochen. Nach der Hälfte der Kochzeit gibt man 3 Löffel Currypulver ins Wasser. Die Kartoffeln werden jetzt gelb und nehmen den Currygeschmack an. Die weichgekochten Kartoffeln in Scheiben schneiden und mit Essig und Öl marinieren. 200 g gekochten Schinken, 5 Scheiben Ananas und 5 Pfirsichhälften in Würfel schneiden und vorsichtig unter den gelben Kartoffelsalat heben. Dieser Salat ist der Knaller bei jeder Gartenparty.

Kartoffelsalat mit Sauerkraut und Leberwurst

Eine rustikale Abwandlung des Kartoffelsalats, der sich bestens als eigenständiges Gericht oder als Beilage zu Gegrilltem eignet.

500 g Salatkartoffeln kochen und einen Kartoffelsalat zubereiten. 250 g Sauerkraut garen und mit einem Messer grob zusammenschneiden. 250 g geräucherte und getrocknete Leberwurst in feine Würfel schneiden und mit dem Sauerkraut und dem Kartoffelsalat vermengen.

Kartoffelsalat mit Radieschen und Radieschenkeimlingen

Von 500 g Kartoffeln einen Kartoffelsalat zubereiten. 300 g Radieschen putzen, waschen und in feine Scheiben schneiden. Zusammen mit 250 g Radieschenkeimlingen unter den Kartoffelsalat geben und alles vermengen. Ein leichtes Gericht für heiße Sommertage.

Kartoffelsalat mit Tomate und Mozzarella

Von 500 g Kartoffeln einen frischen Kartoffelsalat herstellen. 300 g Mozzarella in Würfel schneiden und zu den Kartoffeln geben. 300 g Fleischtomaten in dünne Scheiben schneiden und mit frischem Basilikum ebenfalls unter die Kartoffeln mischen. Mit Salz und Pfeffer abschmecken und zum Schluss mit Olivenöl beträufeln.

Allgemeine Anordnung

Das Stoppeln von Kartoffeln auf den Äckern der Butzbacher Gemarkung ist verboten. Das Feldschutzpersonal ist angewiesen, die Bevölkerung hiervon in Kenntnis zu setzen.

Butzbach, den 7. Oktober 1952 – der Magistrat

Weil man so leckere Gerichte aus Kartoffeln zubereiten kann, haben wir außer den Kartoffelsalaten noch einige Rezeptvorschläge mit überraschenden Geschmacksvarianten zu bieten.

Schwälmer Kümmelkartoffel

ZUTATEN:

12 Kartoffeln	grobes Salz
3 Esslöffel Rapsöl	4 Esslöffel Kümmelkörner

Backofen auf 175 °C vorheizen. Die Kartoffeln gründlich waschen, sauber bürsten und der Länge nach halbieren. Eine Auflaufform mit Öl einfetten.

Die Kartoffelhälften an der Schnittfläche mit etwas Öl bestreichen und mit der Schnittfläche nach oben in die Form setzen. Mit grobem Salz und dem Kümmel bestreuen und im Backofen ca. 35 Minuten backen.

Dazu schmeckt Kräuterquark vorzüglich.

Kartoffelstampes

500 g geschälte Kartoffeln kochen. Eine fein gewürfelte Zwiebel mit 100 g gewürfeltem Speck andünsten. Die gekochten Kartoffeln mit einem Schneebesen zusammenrühren und mit dem Speck und den Zwiebeln vermengen. 250 g Apfelkompott oder -mus unterheben und mit Salz, Pfeffer und Muskat abschmecken.

Kartoffelauflauf

500 g Kartoffeln als Pellkartoffeln kochen, schälen und noch heiß durch die Kartoffelpresse drücken. 150 g gekochten Schinken würfeln und zu den gekochten Kartoffeln geben. 2 Eigelb unter die Masse heben und mit Salz und Pfeffer abschmecken. 2 Eiweiß steif schlagen und vorsichtig unter die Masse heben. Eine Auflaufform ausbuttern und den Kartoffelteig einfüllen. Mit 250 g Emmentaler bestreuen und bei 180 °C ca. 30 Minuten backen.

Kartoffelwaffeln

250 g Kartoffeln als Pellkartoffeln kochen, schälen, fein reiben und auskühlen lassen. 60 g Butter mit 4 Eigelb schaumig rühren und mit 1 Esslöffel Mehl und 6 Esslöffel Sahne vermengen.

6 Eiweiß steif schlagen und vorsichtig unter die Kartoffelmasse heben. Ein Waffeleisen einfetten, pro Waffel 1 Esslöffel Teig einfüllen und goldgelb backen. Die fertigen Waffeln mit Zucker und Zimt bestreuen.

Rheingauer Weinkartoffel

ZUTATEN:	
1 kg Kartoffeln	250 ml Gemüsebrühe
2 Zwiebeln	1 Lorbeerblatt
3 Esslöffel Butterschmalz	Salz und Pfeffer
200 ml Rheingauer Riesling	halbes Bund gehackte Petersilie

Kartoffeln schälen und in sehr dünne Scheiben schneiden. Die Zwiebeln fein würfeln. Das Butterschmalz in einem Topf erhitzen und die Zwiebelwürfel darin glasig werden lassen. Die Kartoffelscheiben hinzugeben und kräftig mitbraten, bis sie knusprig und goldbraun sind.

Wein, Gemüsebrühe und Lorbeerblatt zu den Kartoffeln geben und bei geschlossenem Deckel etwa 20 Minuten schmoren. Den Deckel abnehmen und die Flüssigkeit einkochen lassen. Das Lorbeerblatt entfernen und die Weinkartoffeln mit Salz und Pfeffer würzen. Die Petersilie darüberstreuen.

Und zum Schluss noch ein paar Kartoffeln in Lebensweisheiten

Die dümmsten Bauern hawwe die dicksten Kartoffel.

Wer sich unner die klaane Kartoffel mischt, den fresse die Säu.

Was nun: rinn in die Kartoffel oder raus aus den Kartoffel?!

Lieber Kartoffeln im eischene Haus als ein fremder Bratenschmaus!

Du frisst aach noch klaane Kartoffel!

Karl-Heinz Stier

zählt zu den Personen, die sich in Hessen am besten auskennen. Als Erfinder der hr-Fernsehserie ›Hessen à la Carte‹ bereiste er jeden Winkel des Bundeslandes, lernte die landschaftlichen Schönheiten, Brauchtum und Eigenarten

kennen und vor allem die leckeren Köstlichkeiten, die die unterschiedlichen Landesteile zu bieten haben. Er war Mit-Moderator und Mit-Realisator der Sendereihen ›Handkäs' mit Musik‹, ›Hessen feiern Feste‹ und ›Kochen um die Wette‹. Außerdem brachte er über 300 Sendungen von ›In Hessen unterwegs‹ auf den Bildschirm. Kurz gesagt: Karl-Heinz Stier war über 30 Jahre beim hr-Fernsehen, er liebt Hessen und all seine Vorzüge aus Küche und Keller. Für seine berufliche Tätigkeit hat ihm die Landesregierung den Hessischen Verdienstorden verliehen – der höchsten Auszeichnung, die das Bundesland zu vergeben hat. 2003 war er ›Prinz von Frankfurt‹. Mit seiner früheren Kollegin Michaele Scherenberg hat er mehrere Kochbücher herausgegeben. Er ist Apfelwein- und Weinkenner und Kapitular beim Rheingauer Weinkonvent.

Claus Viering

begann 1975 seine Kochausbildung in der Gutsschänke Neuhof in Götzenhain. Eine klassische, traditionelle Ausbildung legte den Grundstein für seinen heutigen Kochstil. Das Kennenlernen fremder Küchen wirkte sich nachhaltig auf

die Zusammenstellung seiner Gerichte im Gasthaus ›Adler‹ in Hanau-Mittelbuchen aus, das er 1992 übernahm. Traditionelle regionale Küche, mit fremden Einflüssen versehen, macht diese interessant und vielseitig. Das Suchen und Finden heimischer Produkte ist für seine Küche heute nicht mehr wegzudenken. Die Devise lautet: Alles ein wenig leichter, ohne die Kraft des Deftigen einzubüßen. Eine Küche pflegen, die mit regionalen Produkten arbeitet. Auf die Karte nehmen, was die Jahreszeiten zu bieten haben. Und zum Schluss das Ganze mit einem Schuss Originalität auf den Tisch bringen. Claus Viering war an vielen Kochsendungen des hr-Fernsehens beteiligt und hat jetzt eine eigene Sendung im ›rhein-main-tv‹.

vmn
Verlag M. Naumann
Meisenweg 3 61130 Nidderau
Telefon 06187 22122 Telefax 06187 24902 E-Mail: info@vmn-naumann.de
Im Internet finden Sie uns unter: http://www.vmn-naumann.de